westermann

Autoren: Thomas Berndt, Svenja Hausener, Gerhard Kühn, Karl Lutz, Peter Möhlmann

Herausgeberin: Svenja Hausener

Automobilkaufleute
Arbeitsheft mit Lernsituationen

1. Ausbildungsjahr

3. Auflage

Bestellnummer 61473

Die in diesem Produkt gemachten Angaben zu Unternehmen (Namen, Internet- und E-Mail-Adressen, Handelsregistereintragungen, Bankverbindungen, Steuer-, Telefon- und Faxnummern und alle weiteren Angaben) sind i. d. R. fiktiv, d. h., sie stehen in keinem Zusammenhang mit einem real existierenden Unternehmen in der dargestellten oder einer ähnlichen Form. Dies gilt auch für alle Kunden, Lieferanten und sonstigen Geschäftspartner der Unternehmen wie z. B. Kreditinstitute, Versicherungsunternehmen und andere Dienstleistungsunternehmen. Ausschließlich zum Zwecke der Authentizität werden die Namen real existierender Unternehmen und z. B. im Fall von Kreditinstituten auch deren IBANs und BICs verwendet.

Die in diesem Werk aufgeführten Internetadressen sind auf dem Stand zum Zeitpunkt der Drucklegung. Die ständige Aktualität der Adressen kann vonseiten des Verlages nicht gewährleistet werden. Darüber hinaus übernimmt der Verlag keine Verantwortung für die Inhalte dieser Seiten.

service@westermann.de
www.westermann.de

Bildungsverlag EINS GmbH
Ettore-Bugatti-Straße 6-14, 51149 Köln

ISBN 978-3-427-**61473**-9

westermann GRUPPE

© Copyright 2020: Bildungsverlag EINS GmbH, Köln

Das Werk und seine Teile sind urheberrechtlich geschützt. Jede Nutzung in anderen als den gesetzlich zugelassenen Fällen bedarf der vorherigen schriftlichen Einwilligung des Verlages.

Inhaltsverzeichnis

LERNFELD 1

Den Betrieb präsentieren und die betriebliche Zusammenarbeit aktiv mitgestalten

1 Der Kraftfahrzeugbetrieb in der Gesamtwirtschaft 7

   1.1 Grundtatbestände wirtschaftlichen Handelns 8
   1.2 Organisation und Aufgaben eines Kraftfahrzeugbetriebs 11
   1.3 Vertretungsmacht – Entlastung und Motivation 13
   1.4 Rechtsformen von Kraftfahrzeugbetrieben 15
   1.5 Geschäftspartner in der Kraftfahrzeugbranche 18

2 Berufsausbildung im dualen System 20

   2.1 Berufsausbildungsvertrag – Niederschrift erforderlich 25
   2.2 Jugendarbeitsschutzgesetz – Schutz des jugendlichen Arbeitnehmers 28
   2.3 Arbeitssicherheit und Unfallschutz am Arbeitsplatz 29
   2.4 Tarifvertrag – Garant des sozialen Friedens 33
   2.5 Mitwirkung und Mitbestimmung der Arbeitnehmer 35

LERNFELD 2

Bestände und Erfolgsvorgänge erfassen und den Jahresabschluss vorbereiten

1 Das Rechnungswesen im Autohaus 37

   1.1 Aufgaben des Rechnungswesens 41
   1.2 Das Inventar 41
   1.3 Die Bilanz 44

2 Buchungen auf Bestandskonten 46

   2.1 Wertveränderungen in der Bilanz 46
   2.2 Auflösung der Bilanz in Konten 49
   2.3 Aktive und passive Bestandskonten 50
   2.4 Abschluss der Bestandskonten 51

3 Organisation der Buchführung 52

   3.1 Der Kontenrahmen 52
   3.2 Bearbeitung von Belegen 53
   3.3 Grundsätze ordnungsmäßiger Buchführung 54
   3.4 Grundbuch, Hauptbuch, Nebenbücher 55

4 Die Erfolgskonten 56

   4.1 Aufwendungen 56
   4.2 Erträge 57
   4.3 Abschluss der Erfolgskonten 58

Inhaltsverzeichnis

5 Die Umsatzsteuer mit Prozentrechnen — 58

5.1 Prozentrechnen — 58
5.2 Umsatzsteuer — 59
5.3 Abschluss der Umsatzsteuerkonten — 61

6 Vorbereitung des Jahresabschlusses — 61

7 Der Jahresabschluss — 65

LERNFELD 3

Teile und Zubehör beschaffen und lagern

1 Die Beschaffung — 67

1.1 Die Beschaffungsanbahnung — 68
1.2 Die Vorbereitung der Bestellung — 70
1.3 Beschaffungsdurchführung — 77

2 Die Lagerhaltung — 79

2.1 Grundlagen der Lagerhaltung — 81
2.2 Organisation eines Lagers — 83
2.3 Wirtschaftlichkeit des Lagers — 85

3 Der Absatz — 87

3.1 Verbrauch und Verkauf — 88
3.2 Allgemeine Geschäftsbedingungen — 88

4 Der Zahlungsverkehr und der Wareneinkauf — 90

4.1 Zahlungsmittel — 90
4.2 Zahlungsarten — 91
4.3 Der Wareneinkauf — 91
4.4 Währungsrechnen beim Wareneinkauf — 92

5 Umweltschutz im Autohaus — 93

5.1 Allgemeine Aspekte — 95
5.2 Umweltschutz beim Einkauf — 95
5.3 Umweltschutz beim Transport — 96
5.4 Umweltschutz bei der Lagerung — 97
5.5 Umweltgerechte Entsorgung — 98

6 EDV im Autohaus — 100

6.1 Grundlagen — 100
6.2 Warenwirtschaftssysteme — 102

Inhaltsverzeichnis

LERNFELD 4
Teile und Zubehör verkaufen

1 Das Sortiment — 103

   1.1 Sortimentsaufbau und Sortimentsbegriffe — 105
   1.2 Sortimentspolitik — 107

2 Produktplatzierung und -präsentation — 108

   2.1 Produktpräsentation im Autohaus — 109
   2.2 Präsentation von Neuwagen in Schauräumen — 111
   2.3 Visual Merchandising — 111

3 Kundenerwartungen — 112

   3.1 Kundenerwartungen an die Automobilkauffrau/den Automobilkaufmann — 113
   3.2 Erwartungen an das Autohaus und seine Produkte — 113

4 Verbale und nonverbale Kommunikation — 114

   4.1 Die Sprache — 116
   4.2 Körpersprache — 119

5 Richtiges Verhalten in unterschiedlichen Gesprächssituationen — 119

   5.1 Frageformen — 119
   5.2 Situationsgerechte Kontaktaufnahme — 120

6 Bedarfsermittlung bei beratungsintensiven Produkten — 121

   6.1 Vertrauensauslöser verwenden — 121
   6.2 Direkte Bedarfsermittlung — 122
   6.3 Indirekte Bedarfsermittlung — 122

7 Kaufmotive ermitteln und passende Produkte vorführen — 123

   7.1 Kaufmotive und Nutzenerwartungen — 123
   7.2 Produkte vorführen — 125

8 Mit Argumenten von Produkt und Preis überzeugen — 125

   8.1 Produkt- und kundenbezogene Verkaufsargumente — 125
   8.2 Motiv- und umweltbezogene Verkaufsargumente — 127
   8.3 Argumentationstechnik — 128
   8.4 Preisgespräche überzeugend führen — 128

9 Kundeneinwände und Verkaufsabschluss — 129

   9.1 Gründe für Kundeneinwände — 129
   9.2 Methoden der Einwandbehandlung — 130
   9.3 Der Verkaufsabschluss — 132

Inhaltsverzeichnis

10 Besondere Verkaufssituationen bewältigen — 133

- 10.1 Verkauf von Zubehör — 134
- 10.2 Alternativangebote richtig unterbreiten — 135
- 10.3 Kunden mit Begleitpersonen — 135
- 10.4 Reklamation und Umtausch — 137
- 10.5 Kaufvertragsstörungen — 139
- 10.6 Kommunikation mit Vertragspartnern bei Kaufvertragsstörungen — 140

11 Der Warenverkauf — 141

- 11.1 Buchung des Warenverkaufs — 141
- 11.2 Abschluss der Wareneinkaufs- und Warenverkaufskonten — 142

12 Währungsrechnen und Privatbuchungen — 144

- 12.1 Währungsrechnen beim Warenverkauf — 144
- 12.2 Eigenverbrauch, Privatentnahmen, Privateinlagen — 145

13 Buchungen beim Zahlungsverkehr — 146

- 13.1 Zahlungsverkehr mit Lieferanten und Kunden — 146
- 13.2 Zahlungsformen — 147
- 13.3 Buchung von Zahlungseingängen und Zahlungsausgängen — 148
- 13.4 Zahlung mit Skontoabzug — 149
- 13.5 Kontoführungsgebühren und Nebenkosten des Geldverkehrs — 151
- 13.6 Rücksendungen und Gutschriften — 151

Bildquellenverzeichnis — 153

Lernfeld 1

Den Betrieb präsentieren und die betriebliche Zusammenarbeit aktiv mitgestalten

1 Der Kraftfahrzeugbetrieb in der Gesamtwirtschaft

LERNSITUATION 1

Die Autohaus Köppel GmbH hat zu Beginn des neuen Ausbildungsjahres mehrere Azubis eingestellt. Diese sollen sich nun mit dem Unternehmen beschäftigen und die Unternehmensstrukturen kennenlernen. Frau Köppel ruft die Azubis zu sich.

> Liebe Azubis,
>
> herzlich willkommen bei der Autohaus Köppel GmbH. Wir sind seit Jahren in der Automobilbranche tätig und unser Unternehmen hat eine lange Tradition. Damit Sie sich bei uns orientieren und gut zurechtfinden bzw. die Kunden auch kompetent beraten und unterstützen können, bitte ich Sie, sich mit unseren Unternehmensstrukturen und der Stellung, die unser Unternehmen in der Gesamtwirtschaft hat, auseinanderzusetzen. Ferner sollen Sie sich über die Rechtsformen von Unternehmen informieren, damit Sie genau wissen, worin Unterschiede bei diesen bestehen.
>
> Alle Informationen sollen übersichtlich von Ihnen festgehalten werden. Die Form der Darstellung können Sie selbst wählen.
>
> Bei Fragen stehen Ihnen unsere Mitarbeiter sowie ich gerne zur Verfügung.

ARBEITSAUFTRÄGE

1. Informieren Sie sich über Ihren Themenbereich mithilfe des Schülerbuches und des Internets.
2. Notieren Sie wichtige Informationen stichpunktartig und tauschen Sie sich mit Ihrem Nachbarn aus.
3. Erstellen Sie ein Handout bzw. eine Präsentation mit einem von Ihnen gewählten Medium und stellen folgende Inhalte dar:
   - Stellung des Kraftfahrzeugbetriebs im einfachen Wirtschaftskreislauf
   - Aufbauorganisation eines Kfz-Betriebs sowie die Aufgaben der einzelnen Abteilungen
   - Weisungsbefugnisse bzw. Vollmachten
   - Rechtsformen der Unternehmen
   - Geschäftspartner eines Kfz-Unternehmens
4. Bereiten Sie sich auf die Präsentation vor.
5. Präsentieren Sie Ihre Ergebnisse im Plenum.
6. Geben Sie sich gegenseitig ein Feedback und nutzen Sie Ihr neu gewonnenes Wissen für die Zukunft.

Lernfeld 1

1.1 Grundtatbestände wirtschaftlichen Handelns

EINSTIEGSSITUATION

Der Auszubildende Carl Löffler beobachtet, wie die neuen Cabrios und Coupés in den Verkaufsraum gebracht werden. Er fragt die Verkaufsberaterin Annika Fink: „Wer kann sich diese Schlitten eigentlich leisten?" „Du bist eben noch nicht auf dieser Bedürfnisebene angekommen!", antwortet diese.

Daraufhin erwidert Herr Löffler: „Das ist eher eine Frage des Geldbeutels. Als Geschäftswagen könnte ich mir so ein Auto vielleicht leisten."

„Wir sollten im nächsten Ausbildungsgespräch mal einige grundlegende wirtschaftliche Grundbegriffe klären. Bearbeite doch bis dahin die folgenden Fragen", teilt Frau Fink Herrn Löffler mit.

AUFGABE 1

Vervollständigen Sie die Bedürfnispyramide nach Maslow und geben Sie Beispiele für jede Stufe an.

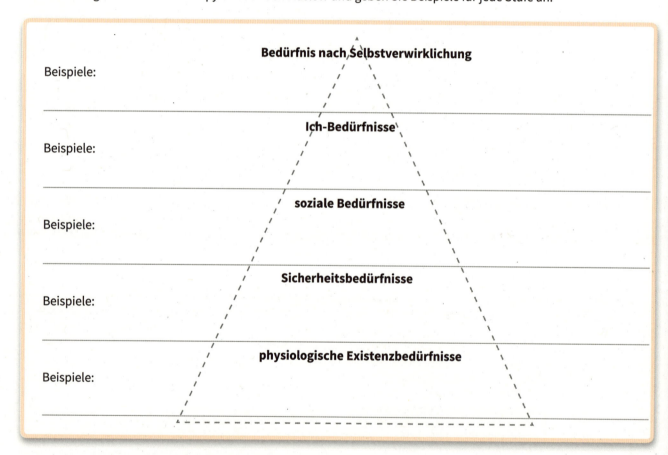

Der Kraftfahrzeugbetrieb in der Gesamtwirtschaft

AUFGABE 2

Unterscheiden Sie zwischen Primär- und Sekundärbedürfnissen. Ergänzen Sie dazu die Tabelle und ordnen Sie die Fahrzeugtypen Cabrio und Coupé ein.

	Primärbedürfnisse	Sekundärbedürfnisse
Erläuterung		
Beispiele		

AUFGABE 3

Güter sind Mittel zur Bedürfnisbefriedigung. Tragen Sie in die Tabelle die Güterarten nach ihrer Verwendung ein und erläutern Sie die gefundenen Begriffe anhand von Beispielen.

Güterart	Erläuterungen und Beispiele

AUFGABE 4

Ein Wirtschaftssubjekt handelt wirtschaftlich, wenn es das ökonomische Prinzip beachtet. Erläutern Sie die beiden Ausprägungen des ökonomischen Prinzips anhand von Beispielen.

_____ prinzip

Beispiele:
- drei Wochen Urlaub machen mit möglichst wenig Geld

_____ prinzip

Beispiele:
- mit 1 500,00 € möglichst lange Urlaub machen

AUFGABE 5

Dienstleistungen fallen in allen Wirtschaftsstufen an. Zählen Sie einige typische Dienstleistungen auf, die ein Kraftfahrzeugbetrieb anbietet.

_____
_____
_____

Lernfeld 1

AUFGABE 6

Tragen Sie die Güter- und Geldströme zwischen den Unternehmen und den privaten Haushalten in das folgende Kreislaufmodell der Wirtschaft ein. Verwenden Sie dabei die folgenden Begriffe: Produktionsfaktoren (z. B. Arbeitskraft), Einkommen (z. B. Gehalt), Konsumausgaben (z. B. Bargeld) und Konsumgüter (z. B. Mountainbike).

Modell des einfachen Wirtschaftskreislaufs

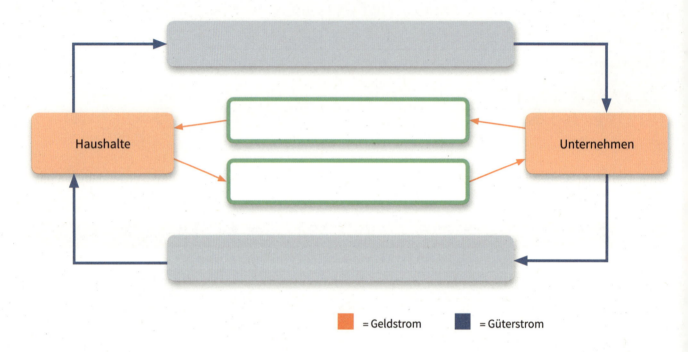

Stellen Sie die Einnahmen- und Ausgabenströme des Geldkreislaufs einander gegenüber.

- aus der **Sicht der privaten Haushalte:**

  Ausgaben: _____

  Einnahmen: _____

- aus der **Sicht der Unternehmen:**

  Ausgaben: _____

  Einnahmen: _____

Weshalb sind Ausgaben und Einnahmen im Geldkreislauf immer gleich hoch?

_____
_____
_____
_____

Der Kraftfahrzeugbetrieb in der Gesamtwirtschaft

1.2 Organisation und Aufgaben eines Kraftfahrzeugbetriebs

> **EINSTIEGSSITUATION**
>
> Die Auszubildende Marie Braun soll auf einer Einführungsveranstaltung für neue Auszubildende die Aufbauorganisation des Autohauses Köppel vorstellen. Zur Vorbereitung auf mögliche Rückfragen wiederholt sie die wichtigsten Grundbegriffe, indem sie die folgenden Aufgaben bearbeitet.

AUFGABE 1

Erklären Sie die Aufgaben der Aufbauorganisation, indem Sie den folgenden Lückentext ergänzen.

Die Aufbauorganisation

- gliedert das Unternehmen in funktionsfähige _____,
- regelt die dauerhaften _____ dieser _____ und
- schafft ein System von _____ und _____.

AUFGABE 2

Unterscheiden Sie die funktions- von der objektorientierten Aufbauorganisation am Beispiel eines Unternehmens mit folgenden Teileinheiten: Einkauf, Neuwagen, Verkauf, Verwaltung, Gebrauchtwagen und Autoteile. Ergänzen Sie dazu die beiden folgenden Schaubilder und geben Sie jeweils Vor- und Nachteile an.

Funktionsorientierte Aufbauorganisation

```
                    Geschäftsleitung
          ┌─────────────┼─────────────┐
     [          ]   [          ]   [          ]
       ▸            ▸            ▸
       ▸            ▸            ▸
       ▸            ▸            ▸
```

Vorteile: _____

_____

Nachteile: _____

_____

Lernfeld 1

Objektorientierte Aufbauorganisation

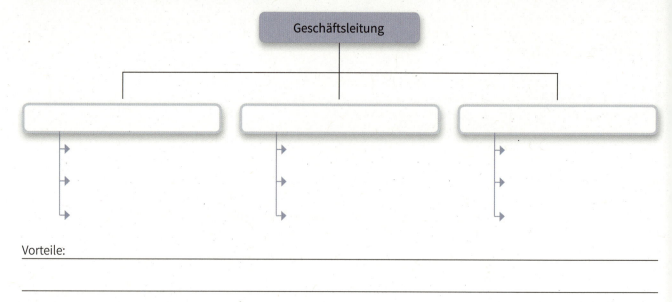

Vorteile: _____

_____

Nachteile: _____

_____

▌ AUFGABE 3

Ordnen Sie die Begriffe „Hierarchie", „Instanz", „Informationsweg", „Weisungsweg" und „Dienstweg" den folgenden Erläuterungen zu.

_____ = Stelle, die einer anderen Stelle Anweisungen erteilen darf

_____ = Über- und Unterordnungsverhältnisse in einer Organisation

_____ = vertikale Linie im Organigramm

_____ = vertikale Linie von *oben nach unten* (verbindlich)

_____ = vertikale Linie von *unten nach oben* (informativ)

▌ AUFGABE 4

Bezeichnen Sie die dargestellten Leitungssysteme und beschreiben Sie deren Merkmale sowie Vor- und Nachteile.

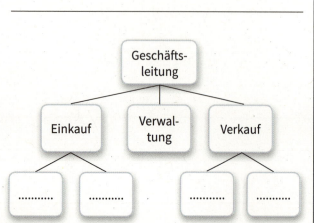
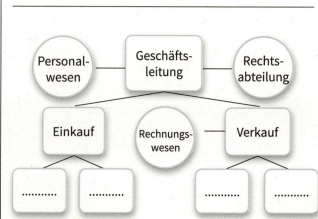

Der Kraftfahrzeugbetrieb in der Gesamtwirtschaft

Merkmale	
• Jede Stelle bekommt nur von einer einzigen Stelle Anweisungen (Grundsatz der einheitlichen Auftragserteilung). • Es gibt nur vertikale Verbindungen (Weisungs- und Informationswege). • Gleichrangige Stellen können nur über die vorgesetzte Stelle kommunizieren.	
Vorteile	
Nachteile	

1.3 Vertretungsmacht – Entlastung und Motivation

> **EINSTIEGSSITUATION**
>
> In einem Ausbildungsgespräch fragt Marie Braun ihre Ausbilderin Nora Köppel: „Woher wissen die Mitarbeiter, für welche Aufgaben sie zuständig sind und für welche nicht? Kommt es nicht immer wieder zu Zuständigkeitsproblemen? Und wer darf mit welchem Kürzel unterschreiben? Was bedeuten diese Kürzel wie z. B. ppa.?" Nora Köppel antwortet: „Die Fragen kannst du selbst beantworten, wenn du die folgenden Aufgaben mithilfe des Lehrbuchs durchgehst."

AUFGABE 1

a) Ordnen Sie den Unterschriften A bis F die richtige Vertretungsmacht zu.

A Autohaus Köppel GmbH Lager i. V. *Tim Gehlen*	**B** Autohaus Köppel GmbH Carl Löffler i. A. *Carl Löffler*	**C** Autohaus Köppel GmbH Geschäftsführung pp. *Matti Köppel*
_____	_____	_____

D Gabelstapler GmbH i. V. *Max Frisch*	**E** Boxengasse KG Verkauf pp. *Kraus* pp. *Kroner*	**F** Rieth KG Filiale Neu-Ulm pp. *Öztürk*
_____	_____	_____

Lernfeld 1

b) Bringen Sie die gefundenen Arten der Vertretungsmacht in eine Rangfolge nach ansteigendem Umfang der Befugnisse.

1 _____

2 _____

3 _____

4 _____

5 _____

AUFGABE 2

Die Gesellschafterversammlung der Autohaus Köppel GmbH erteilte Nora Köppel am 01. März die Einzelprokura. Ihre Kollegin Laura Tannert besitzt seit Jahren die allgemeine Handlungsvollmacht. Entscheiden Sie, ob Nora Köppel bzw. Laura Tannert folgende Rechtshandlungen vornehmen dürfen. Machen Sie ein Kreuz, wenn die Rechtshandlung erlaubt ist. Gehen Sie davon aus, dass keine Sondervollmachten vorliegen.

	Rechtshandlung	Köppel	Tannert
1.	Zubehör für das Autohaus einkaufen		
2.	die neue Warengruppe Feuerlöscher ins Sortiment des Shops aufnehmen		
3.	die Abteilung Fahrdienst schließen		
4.	den beiden Mitarbeitern der Abteilung Fahrdienst kündigen		
5.	der Gebrauchtwagenverkäuferin Dana Zoren Inkassovollmacht erteilen		
6.	für das Sekretariat einen Computer beschaffen		
7.	zwei Kraftfahrzeugmechatroniker für die Werkstatt einstellen		
8.	für die Erweiterung der Betriebsfläche das Nachbargrundstück kaufen		
9.	ein nicht benötigtes Außenlager verpachten		
10.	der Sekretärin Lydia Jakob fristgemäß kündigen		
11.	ein Darlehen zur Finanzierung einer neuen Hebebühne aufnehmen		
12.	einem Zubehörlieferanten eine Mängelrüge erteilen		
13.	einen Mahnbescheid gegen einen säumigen Kunden beantragen		
14.	den Zubehörshop umgestalten (neuer Bodenbelag usw.)		
15.	das Autohaus in einem Klageverfahren vor Gericht vertreten		
16.	wegen großen Kundenandrangs an der Kasse aushelfen		
17.	ein Geschäftskonto bei einer anderen Bank eröffnen		
18.	eine Mitarbeiterin von der Werkstatt in den Verkauf versetzen		
19.	Berufsausbildungsverträge unterschreiben		
20.	ein seit Jahren ungenutztes Grundstück verkaufen		
21.	die Firma des Autohauses verändern		
22.	dem Mitarbeiter Max Tursch Prokura erteilen		

1.4 Rechtsformen von Kraftfahrzeugbetrieben

> **EINSTIEGSSITUATION**
>
> Die Auszubildende zur Kraftfahrzeugmechatronikerin Lea Geiger spricht die Auszubildende zur Automobilkauffrau Marie Braun an: „Sag mal, warum haben unsere Lieferanten alle hinter ihrem Firmennamen so ein Kürzel wie KG, GmbH usw. – bei manchen fehlt das Kürzel ganz. Was hat das zu bedeuten?"
> Marie Braun: „Das hat mit dem Vorhandensein einer kaufmännischen Organisation und der Rechtsform zu tun – die ist wichtig, damit man weiß, wie der Gewinn verteilt wird."
> Lea Geiger: „So genau weißt du auch nicht Bescheid, oder?"
> Marie Braun: „Du hast recht, ich sollte mich noch mal mit dem handelsrechtlichen Grundbegriffen und den Rechtsformen genauer befassen. Ich erstelle ein Plakat mit den wichtigsten Rechtsformen und hänge es im Pausenraum auf."

AUFGABE 1

Erklären Sie den Begriff des Kaufmanns, indem Sie den Lückentext ergänzen.

Kaufmann ist, wer ein _____ betreibt. Als _____

gilt jede _____ Tätigkeit, die auf _____ angelegt ist,

mit _____ verbunden ist und die nach Art und Umfang einen

in _____ eingerichteten Geschäftsbetrieb erfordert.

AUFGABE 2

Tragen Sie in das unten stehende Schaubild die richtigen Kaufmannsbegriffe gemäß Handelsgesetzbuch (HGB) ein.

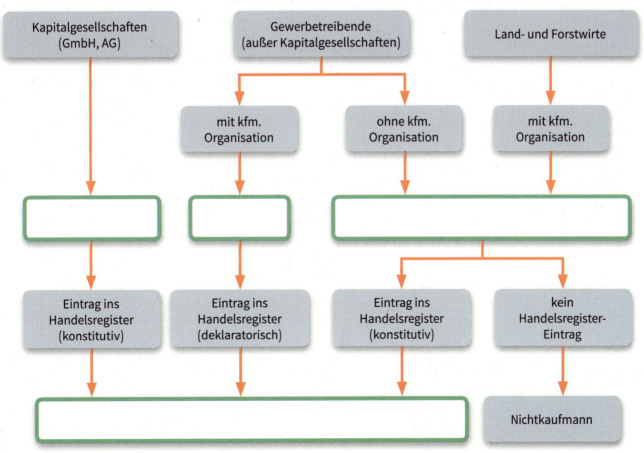

Lernfeld 1

AUFGABE 3

a) Folgende Gesellschafter sind an einer Kommanditgesellschaft beteiligt:

Gesellschafter	Kapitaleinlage in €	Stellung
Burger	60 000,00	Komplementär (Vollhafter)
Franke	40 000,00	Komplementär (Vollhafter)
Loser	30 000,00	Kommanditist (Teilhafter)

Im Gesellschaftsvertrag wurde folgende Ergebnisverteilung vereinbart:

> Alle Gesellschafter erhalten eine jährliche Verzinsung von 5 % ihrer Kapitaleinlage. Alle Vollhafter erhalten als Vergütung für ihre Geschäftsführung jährlich je 40 000,00 € vom Gesamtgewinn. Der übersteigende Teil des Gewinns wird entsprechend den Kapitalanteilen der Gesellschafter verteilt.

Im vorigen Geschäftsjahr erwirtschaftete die Kommanditgesellschaft einen Gewinn in Höhe von 200 000,00 €. Berechnen Sie den Gewinnanteil jedes Gesellschafters mithilfe der folgenden Verteilungstabelle:

Gesellschafter	Kapitalanteil in €	Verzinsung in €	Vergütung in €	Restgewinn in €	Gesamtgewinn
Burger					
Franke					
Loser					
Summe					

Nebenrechnungen:

b) Der Kommanditist (Teilhafter) Loser hält die Gewinnverteilung für ungerecht. Begründen Sie, warum die Gewinnverteilung gerecht ist.

Der Kraftfahrzeugbetrieb in der Gesamtwirtschaft

AUFGABE 4

Vergleichen Sie die Rechtsformen „KG", „GmbH" und „AG" hinsichtlich folgender wichtiger Merkmale:

	KG	GmbH	AG
Begriff			
Mindestkapital			
Mindesteinlage			
Haftung für die Schulden			
Geschäftsführung			
Vertretung			
Gewinnverteilung			
Verlustverteilung			

Lernfeld 1

1.5 Geschäftspartner in der Kraftfahrzeugbranche

EINSTIEGSSITUATION

Carl Löffler ist seit heute dem Verkauf zugeteilt. Die Verkaufsleiterin Laura Tannert führt ihn in die Abteilung ein. Es schließt sich ein Small Talk an. Carl Löffler: „In unserer Berufsschulklasse ist mir aufgefallen, dass manche Autohäuser mehrere Marken anbieten, andere nur eine Automarke. Warum führen wir nur die Marke „Cars Best"?" Laura Tannert antwortet: „Das hängt mit den besonderen Vertriebsstrukturen im Kraftfahrzeuggewerbe zusammen. Was halten Sie von Learning by Doing. Sie könnten doch mal zwei Plakate zum Themenkreis „Vertriebsorganisation und Vertriebswege im Kfz-Gewerbe" erstellen und im Schulungsraum aufhängen."

AUFGABE 1

Ergänzen Sie die folgende Tabelle in Hinblick auf wichtige Geschäftspartner beim Vertrieb von Neufahrzeugen.

	Verkaufsniederlassung (Werksniederlassung)	Vertragshandel (Handelsorganisation)	Handelsvertreter (Agentur)
Begriff			
Beispiele			
Vorteile aus Sicht des Herstellers			
Nachteile aus Sicht des Herstellers			

Der Kraftfahrzeugbetrieb in der Gesamtwirtschaft

AUFGABE 2

Vervollständigen Sie das folgende Schaubild zu den besonderen Vertriebsstrukturen im Kraftfahrzeuggewerbe.

Besonderheit des Kraftfahrzeuggewerbes innerhalb der Europäischen Union

Freistellung vom allgemeinen Verbot von Wettbewerbsbeschränkungen nach

_____

---

durch

Gruppenfreistellungsverordnungen

GVO 461/2010 für _____ und

GVO 330/2010 für _____

_____

Gründe bzw. Ziele der Gruppenfreistellungsverordnungen:

Daraus entwickelten sich folgende Vertriebsorganisationen:

direkte Vertriebswege	indirekte Vertriebswege
allgemeine Erläuterung:	allgemeine Erläuterung:
Beispiel:	Beispiel:

direkte Vertriebswege – Beispiel:

Hersteller bzw. Importeur

vertreibt Neuwagen selbst über

_____

_____

indirekte Vertriebswege – Beispiel:

Hersteller bzw. Importeur

⬇

_____

oder

_____

⬇

Endverbraucher

Lernfeld 1

2 Berufsausbildung im dualen System

LERNSITUATION 2

Die Autohaus Köppel GmbH möchte diesen Sommer wieder neue Auszubildende für den Beruf „Automobilkaufmann/Automobilkauffrau" einstellen. Dazu soll eine Informationsveranstaltung für interessierte Schülerinnen und Schüler stattfinden. Die Veranstaltung soll folgenden Ablauf haben:

- Begrüßung der anwesenden Gäste
- Vorstellung des Ausbildungsberufes Automobilkaufmann/Automobilkauffrau
- rechtliche Rahmenbedingungen für die Ausbildung
- Firmenbesichtigung und Erkundung der einzelnen Abteilungen
- Abschlussrunde

Frau Braun und Herr Palm sollen Frau Köppel bei der Vorbereitung unterstützen.

ARBEITSAUFTRÄGE

1. Informieren Sie sich über Ihren Themenbereich mithilfe des Schülerbuches und des Internets.
2. Nutzen Sie auch Ihre eigenen Unterlagen in Bezug auf Ihre Einstellung in Ihrem Autohaus.
3. Entwickeln Sie für die Begrüßungsrunde der Gäste einen Einstieg.
4. Fertigen Sie eine Präsentation an, mit welcher Sie Ihren Ausbildungsberuf vorstellen können. Gehen Sie dabei auch auf die rechtlichen Rahmenbedingungen für die Ausbildung ein (notwendige Vorbildung, Urlaubstage, Gehalt usw.).
5. Gestalten Sie Ihre Präsentation ansprechend und nutzen Sie, wenn möglich, verschiedene Medien (z. B. Plakate, Folien, PowerPoint etc.).
6. Finden Sie einen geeigneten Übergang zur Firmenbesichtigung.
7. Überlegen Sie sich für die Abschlussrunde, die nach der Firmenbesichtigung stattfindet, einen Einstieg.
8. Entwickeln Sie außerdem Materialien, die während der Abschlussrunde eingesetzt werden können (z. B. Fragebogen für die angehenden Auszubildenden; Stammdatenblätter, die von den angehenden Azubis ausgefüllt werden können, usw.).
9. Bereiten Sie sich auf die Präsentation vor.
10. Präsentieren Sie in einer szenischen Darstellung Ihre Ergebnisse (Einstieg, anschließende Präsentation, Übergang zur Firmenbesichtigung und Abschlussrunde).
11. Bewerten Sie die Präsentationen und analysieren Sie die vorliegenden Materialien auf Vollständigkeit, Richtigkeit und Übersichtlichkeit.
12. Geben Sie sich gegenseitig ein Feedback.
13. Überlegen Sie, wie Sie sich während der Erarbeitungsphase und der Präsentation gefühlt haben, und reflektieren Sie Ihre Ergebnisse.
14. Nutzen Sie Ihr neu gewonnenes Wissen für die Zukunft.

Zusatzmaterial

Szenische Darstellung

Bei einer szenischen Darstellung handelt es sich um das Nachspielen bestimmter Situationen. Die einzelnen „Schauspieler" sind jedoch nicht verkleidet und spielen die Rolle auch nicht genau nach (im Gegensatz zum Rollenspiel), sondern agieren eher situativ zu einem bestimmten Themenbereich.

Durch eine szenische Darstellung werden Sachverhalte veranschaulicht/verdeutlicht und prägen sich besser im Gehirn ein. Man unterscheidet verschiedene Formen der szenischen Darstellung, die im Folgenden erläutert werden.

Standbild

Bei einem Standbild handelt es sich um eine Darstellung, bei der weder gesprochen wird, noch Bewegungen stattfinden. Vom Ablauf her funktioniert das Ganze wie folgt: Die Schülerinnen und Schüler werden in Gruppen eingeteilt. In der Gruppe wird ein Gruppensprecher (Regisseur) ernannt, der für die „Szene" zuständig ist. Weiterhin wird von der Gruppe ein „Schauspieler" ausgesucht, der das Standbild „vorspielt". Nun wird überlegt, wie das in die Gruppe gegebene Thema am besten als Standbild dargestellt werden kann. Der Schauspieler wird nun in Zusammenarbeit mit dem Regisseur von den Gruppenmitgliedern in „Szene" gesetzt, d. h., sie legen die Körperhaltung des Schauspielers fest, die Mimik und die Gestik.

Wenn mehrere Gruppen zu einem gleichen Thema Standbilder erzeugen müssen, sind die Veranschaulichung und die spätere Einprägung des Sachverhalts im Gehirn sehr hoch. Das Ergebnis ist eine „witzige", aber lehrreiche Schulstunde!

Während des Vorspielens der Standbilder müssen alle Gruppen versuchen, das Thema zu erraten, zu beschreiben sowie die Mimik, Gestik oder Körperhaltung zu interpretieren. Am Ende des Standbildes müssen die jeweiligen Gruppenmitglieder der Einzelgruppen allen anderen Schülerinnen und Schülern Ihre Intention für die Darstellung erklären. Eine Diskussionsrunde kann auch im Anschluss an die Standbilder stattfinden, um das Gesehene insgesamt nochmals zu reflektieren.

Sketche/Szenen

Werden Sketche oder Szenen dargestellt, erfolgt dies auch in Gruppen- oder Partnerarbeit. Hier ist es jedoch so, dass ein tatsächliches „Schauspiel" stattfindet. Die Gruppenmitglieder übernehmen jeweils eine Rolle und lassen in diese Gefühle, Texte usw. einfließen.

Arbeitsmaterialien oder auch das Internet können zur Recherche für die Vorbereitung des Themas genutzt werden. Nachdem die szenische Darstellung vorgespielt wurde, wird diese ebenfalls wie beim Standbild von allen Schülerinnen und Schülern beurteilt bzw. wird die Szene im Plenum diskutiert und reflektiert.

PowerPoint-Präsentationen erstellen

Soll eine PowerPoint-Präsentation erstellt werden, ist es wichtig, dass folgende Regeln Beachtung finden:

- immer auf den Folieninhalt abstimmen, um so eine Nachvollziehbarkeit zu gewährleisten
- Folientitel soll nur eine Zeile umfassen
- Sprachstil des Folientitels sollte einheitlich gewählt werden (z. B. immer eine Frage, immer nur ein Schlagwort usw.)
- Texte sollen klar und einfach formuliert und möglichst nur in Stichpunkten aufgeführt werden (also nur Kernaussagen)
- Schriftgröße sollte mindestens 20 pt groß sein
- Zeilenabstand sollte mindestens 1,5 betragen
- maximal drei verschiedene Schriftarten und Schriftgrößen verwenden
- Überschriften sollten immer in einer gleich großen Schriftgröße dargestellt werden (Beispiel: immer 24 pt)

Lernfeld 1

- Folien nicht bis zum Rand beschriften

- maximal sieben Infopunkte als Aufzählung pro Folie

- sinnvolle Bilder einfügen, die zur Präsentation passen

- sparsamer Einsatz von Animationen und Effekten, da diese vom Wesentlichen ablenken und die Präsentation u. U. unruhig wirken lassen

- ggf. Bild als „Eyecatcher" einfügen, um Aufmerksamkeit des Publikums zurückzugewinnen (ggf. Cartoon, lustiges oder trauriges Bild)

- sinnvolle Diagramme zur Veranschaulichung einbinden

> **Werden alle Punkte berücksichtigt, wird die Präsentation ein voller Erfolg!**

Folienmaster

Grundlage einer überzeugenden Präsentation ist die Einheitlichkeit sowie die klar erkennbare Struktur der Präsentation. Außerdem muss die Präsentation immer einen Bezug zu dem Thema, welches präsentiert werden soll, haben.

Um dies in PowerPoint zu erreichen, bietet das Programm die Funktion „Folienmaster" an. Man erstellt mit dem Master einmal ein **Grundlayout**, welches sich auf alle Folien auswirkt. In diesem Grundlayout werden **keine Texte** eingegeben. Der Master selbst (Masterseite) ist später in der Präsentation nicht sichtbar und dient ausschließlich zur Voreinstellung.

Masterarten sind:

- Folienmaster (erstellt ein einheitliches Design für alle Folien)

- Handzettelmaster (erstellt ein einheitliches Design für Handzettel)

- Notizenmaster (erstellt ein einheitliches Design für den Notizen)

Folienmaster **Handzettelmaster** **Notizenmaster**

Zu den Mastereinstellungen im Layout zählen:

- Festlegung der Schriftart

- Festlegung des Schriftgrads

- Festlegung Farben, Hintergrund usw.

- Fixieren eines Logos (Beispiel: Firmenlogo oben rechts)

Vorgehensweise beim Folienmaster

- **Schritt 1:**
Registerkarte – ANSICHT – Folienmaster

- **Schritt 2:**
Nun gelangt man in die „Masteransicht". Im linken Bereich des Bildschirms erscheint die „Folienansicht", im rechten Bereich erscheint die „Bildansicht". Um die Formatierungen vorzunehmen, klickt man links in der „Folienansicht" die zu formatierende Folie an – diese erscheint rechts in der Bildansicht und kann nun bearbeitet werden (Veränderung von Schriftart, Farbe usw.). Wichtig ist, dass der Bereich, der verändert werden soll, vorher markiert wird. Nicht nur das Titelmasterformat, sondern auch das Textmasterformat mit den verschiedenen Ebenen kann verändert werden.

- **Schritt 3 – Verändern der Aufzählungszeichen in den verschiedenen Ebenen:**
Ebene markieren, die verändert werden soll – rechte Maustaste – Aufzählungszeichen – Aufzählungszeichen aussuchen – dieses wird eingefügt. Für die verschiedenen Ebenen können jeweils unterschiedliche Nummerierungen bzw. Aufzählungen vorgenommen werden.

- **Schritt 4 – Einfügen einer Grafik:**
Eine Grafik soll möglichst so platziert werden, dass diese die späteren Eingaben in der Präsentation selbst vom Platz her nicht einschränkt. Am besten werden Grafiken in der oberen linken bzw. rechten Hälfte des Masters platziert.
Registerkarte „EINFÜGEN" – Grafik – Grafik aussuchen – OK – eine Grafik wird eingefügt. Anschließend kann die Grafik z. B. oben rechts platziert werden (Grafik anklicken, Maustaste gedrückt halten und Grafik an gewünschte Position ziehen!). Auch Autoformen können über die Registerkarte „EINFÜGEN" eingefügt und über die Registerkarte „START" formatiert werden.

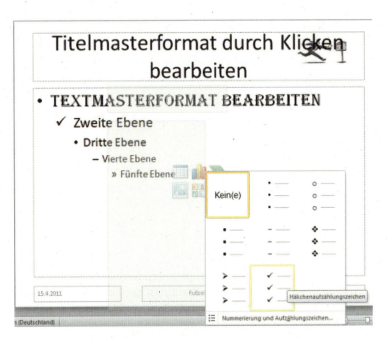

Lernfeld 1

- **Schritt 5 – Kopf- und Fußzeile:**
Registerkarte „EINFÜGEN" – Kopf- und Fußzeile – entsprechende Angaben auswählen (wie z. B. das aktuelle Datum) – Für alle übernehmen (nur Übernehmen bedeutet, dass die Formatierung nur für die aktuelle Folie übernommen wird) – OK
Es kann jedoch auch in der Masteransicht im unteren Bereich zwischen der links,- zentriert- und rechtsbündigen Kopf- und Fußzeile „mit Mausklick" gesprungen und Angaben können manuell eingetragen werden.
Alle Angaben, die in der Kopf- und Fußzeile stehen sollen, können auch über die Registerkarte „EINFÜGEN" (z. B. Seitenzahl) eingefügt werden.

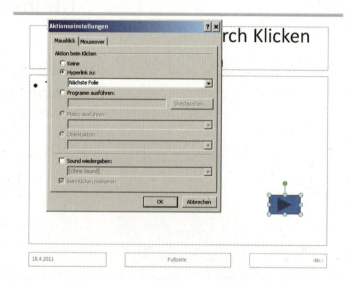

- **Schritt 6 – Interaktive Schaltflächen**
Interaktive Schaltflächen sind Navigationssymbole, mit denen man gezielt zwischen Seiten hin- und herspringen bzw. vor- und zurückblättern kann. Wichtig ist, dass diese Schaltflächen im Master so positioniert werden, dass sie später nicht mit einem eingegebenen Text kollidieren.
EINFÜGEN – Formen – Interaktive Schaltflächen
Schaltfläche, die eingefügt werden soll, ANKLICKEN – IN DOKUMENT ZIEHEN – das abgebildete Fenster erscheint.
Nun können die „Aktionseinstellungen" vorgenommen werden. Auch ein Hyperlink oder Sound kann festgelegt werden.

- **Schritt 7 – Beenden des Masters**
Ist der Master nun vollständig angelegt, muss die Schaltfläche „Masteransicht schließen" betätigt werden und man kann mit dem Erstellen der „eigentlichen" Präsentation beginnen.

Inhalt der Registerkarte Folienmaster

Unter der Registerkarte Folienmaster können Einstellungen wie Layout, Hintergrundformate usw. eingefügt werden. Auch die Folienausrichtung bzw. das Formatieren der Seite ist problemlos möglich.

Wissen testen

▬ AUFGABE 1

Überlegen Sie, welche Kompetenzen Sie während Ihrer Ausbildung in Ihrem Ausbildungsbetrieb erwerben, und geben Sie jeweils zwei Beispiele. Warum ist der Kompetenzerwerb so wichtig?

▬ AUFGABE 2

Ist es sinnvoll für Unternehmen, eine Informationsveranstaltung für Schülerinnen und Schüler über die angebotenen Ausbildungsberufe anzubieten? Welche Gründe sprechen dafür bzw. dagegen?

2.1 Berufsausbildungsvertrag – Niederschrift erforderlich

> **EINSTIEGSSITUATION**
>
> Die Geschäftsleiterin der Autohaus Köppel GmbH Nora Köppel beschäftigt sich mit folgendem Flyer der Industrie- und Handelskammer (IHK):
>
> > **Berufsausbildungsvertrag Online**
> > Der neue Weg zur Eintragung
> >
> > Der Berufsausbildungsvertrag Online (BABV-Online) ist ein innovatives Instrument der IHK-Organisation, welches es Unternehmen ermöglicht, den Ausbildungsvertrag elektronisch auszufüllen und einzureichen.
> >
> > So können Sie Ihre Ausbildungsverträge schnell und bequem erstellen. Auch zusätzliche Dokumente wie Zeugnisse oder Erstuntersuchungen können elektronisch angehängt werden.
> >
> > Mit einem Klick schicken Sie den Antrag ab und stellen ihn der IHK zur Verfügung. Nachdem die Verträge von der IHK geprüft und freigegeben wurden, können diese ausgedruckt und von den Vertragspartnern unterschrieben werden.
> >
> > Die Original-Vertragsunterlagen werden dann – wie bisher auch – bei Ihrer IHK eingereicht.
>
> Nora Köppel möchte die neuen Auszubildenden mit dem BABV-Online bei der Kammer elektronisch anmelden. Diese Aufgabe sollen Sie übernehmen und sich vorher mit der Thematik „Ausbildungsvertrag" befassen. Bearbeiten Sie dazu die nachfolgenden Aufgaben.

■ AUFGABE 1

Welche neun Mindestangaben muss ein Berufsausbildungsvertrag enthalten?

1. _____
2. _____
3. _____
4. _____
5. _____
6. _____
7. _____
8. _____
9. _____

Lernfeld 1

AUFGABE 2

Ergänzen Sie den folgenden Auszug aus dem Berufsausbildungsvertrag für Paul Mattes, 17 Jahre alt, mittlere Reife, der seine Ausbildung zum Automobilkaufmann am 01.08.2020 beginnt. Er verbringt zwei Monate seiner Ausbildung im Herstellerwerk in Redmond, USA.

Hinweis: Die Ausbildungsvergütung können Sie der Gesamtübersicht des Bundesinstituts für Berufsbildung unter https://www.bibb.de/dav oder dem z. Zt. gültigen Tarifvertrag über Entgelte und Ausbildungsvergütungen für die Beschäftigten und Auszubildenden in der Metall- und Elektroindustrie, Fachbereich Kraftfahrzeuggewerbe entnehmen.

A Die Ausbildungszeit beträgt nach der Ausbildungsordnung _____ Monate. Die vorausgegangene Ausbildung/Vorbildung _____ wird mit _____ Monaten angerechnet bzw. es wird eine entsprechende Verkürzung beantragt.

Das Berufsausbildungsverhältnis

beginnt am _____   endet am _____

B Die Probezeit (§ 1 Nr. 2) beträgt _____ Monate. [3]

C Die Ausbildung findet vorbehaltlich der Regelungen nach D in _____ und den mit dem Betriebssitz für die Ausbildung üblicherweise zusammenhängenden Bau-, Montage- und sonstigen Arbeitsstellen statt (§ 3 Nr. 12).

D Ausbildungsmaßnahmen außerhalb der Ausbildungsstätte (§ 3 Nr. 12) mit Zeitangabe
_____
_____

E Der Ausbildende zahlt der/dem Auszubildenden eine angemessene Vergütung (§ 5); diese beträgt zurzeit monatlich brutto

€	784,00	816,00	881,00	
im	ersten	zweiten	dritten	vierten

Ausbildungsjahr.

Öffentliche Förderung der Ausbildung (monatlich, regelmäßig > 50 % der Kosten):   nein ☐   ja ☐   wenn ja

☐ Sonderprogramme von Bund/Land/Kommune

☐ außerbetriebliche Berufsausbildung nach § 241 Abs. 2 SGB III (i. d. R. von der Bundesagentur für Arbeit geförderte Maßnahmen)

☐ außerbetriebliche Berufsausbildung für behinderte Menschen bzw. Reha nach § 100 Nr. 5 SGB III

F Die regelmäßige Ausbildungszeit (§ 6 Nr. 1) beträgt in Stunden:

täglich [4] _____   wöchentlich [4] _____

Teilzeitberufsausbildung wird beantragt   ja ☐   nein ☐

G Der Ausbildende gewährt der/dem Auszubildenden Urlaub nach den geltenden Bestimmungen. Es besteht folgender Urlaubsanspruch:

im Jahr				
Werktage				
Arbeitstage				

H Hinweis auf anzuwendende Tarifverträge und Betriebsvereinbarungen/sonstige Vereinbarungen (§ 11)
_____
_____
_____

1) Vertretungsberechtigt sind beide Eltern gemeinsam, soweit nicht die Vertretungsberechtigung nur einem Elternteil zusteht. Ist ein Vormund bestellt, so bedarf dieser zum Abschluss des Ausbildungsvertrages der Genehmigung des Vormundschaftsgerichtes.
2) Solange die Ausbildungsordnung nicht erlassen ist, sind gem. § 104 Abs. 1 BBiG die bisherigen Ordnungsmittel anzuwenden.
3) Die Probezeit muss mindestens einen Monat und darf höchstens vier Monate betragen.
4) Das Jugendarbeitsschutzgesetz sowie für das Ausbildungsverhältnis geltende tarifvertragliche Regelungen und Betriebsvereinbarungen sind zu beachten.

Berufsvorbereitung, berufliche Grundbildung (mindestens 6 Monate)

☐ keine Teilnahme
☐ betriebliche Qualifizierungsmaßnahme (z. B. EQ, Qualifizierungsbausteine)
☐ Berufsvorbereitungsmaßnahme nach SGB III (Maßnahme der Agentur für Arbeit)
☐ schulisches Berufsvorbereitungsjahr (BVJ)- Zeugniskopie beifügen
☐ schulisches Berufsgrundbildungsjahr (BGJ)- Zeugniskopie beifügen
☐ Berufsfachschule ohne voll qualifizierenden Berufsabschluss
☐ sonstige berufliche Schule (z. B. Handelsschule, Fachoberschule)

Vorausgegangene Berufsausbildung

☐ keine
☐ abgeschlossene betriebliche Berufsausbildung als _____
☐ abgebrochene betriebliche Berufsausbildung als _____
☐ abgeschlossene Berufsausbildung in schulischer Form mit Abschluss als _____

Eintritt ins _____ Ausbildungsjahr

Hinweis: Vergütung für 2020 laut z. Zt. gültigem Tarifvertrag über Entgelte und Ausbildungsvergütungen für die Beschäftigten und Auszubildenden in der Metall- und Elektroindustrie, Fachbereich Kraftfahrzeuggewerbe. Vgl: www.tarifregister.nrw.de/material/kfz1.pdf [06.06.2020]

Berufsausbildung im dualen System

AUFGABE 3

Nennen Sie die fünf wichtigsten Regelungen zur Vergütung (siehe §§ 17, 18, 19 BBiG).

AUFGABE 4

Zwei Ihrer Mitschüler in der Berufsschulklasse, Lea Porowski und Tim Böttcher, schildern Ihnen ihre Probleme. Sie wollen den beiden helfen.

Situation 1

Lea Porowski ist seit einem halben Jahr als Auszubildende zur Automobilkauffrau im Autohaus Prima GmbH beschäftigt. Sie ist zurzeit im Bereich Verkauf tätig. Im Verkauf sind im Autohaus neben dem Gesellschafter-Geschäftsführer noch zwei Automobilkaufleute, eine ungelernte Verkaufskraft und ein Auszubildender zum Kaufmann im Einzelhandel eingesetzt. Lea Porowski ist zuständig für das Kopieren, Sortieren und Ablegen von Belegen aller Art. Manchmal wird sie auch im Empfang eingesetzt. In letzter Zeit ist sie zunehmend mit Botendiensten und dem Auspacken der eingegangenen Waren betraut. Einen direkten Ausbilder hat sie nicht, im Grunde ist für sie niemand richtig zuständig. Lea befürchtet, dass sie als „Mädchen für alles" nicht genügend mitbekommt und so nach Ende ihrer „Ausbildung" keine Chance in ihrem Beruf hat. Beim Einstellungsgespräch wollte der Inhaber Alois Prima sich persönlich um ihre Ausbildung kümmern. Er ist jedoch ständig unterwegs und hat, wie er sagt, „zu viel um die Ohren". Als Lea ihn auf sein Versprechen hinweist und anspruchsvollere Aufgaben einforderte, antwortet er lapidar: „Lehrjahre sind keine Herrenjahre!".

Lernfeld 1

Situation 2

Tim Böttcher ist als Auszubildender zum Automobilkaufmann bei der Kraftfahrzeugteilehandlung Teha KG tätig. Seit einer Woche hat er es mit einer neuen Ausbilderin, Frau Berger, zu tun. Er kommt mit ihr nicht klar. Ständig hat sie an seiner Arbeitsweise und seiner Person etwas auszusetzen. Mal verlangt sie eine Krawatte, mal ist ihr seine Krawatte zu „schrill", mal arbeitet er zu langsam, mal zu schnell. Das Arbeitsklima passt Tim nicht mehr. Er trägt sich mit dem Gedanken, seine Ausbildung bei einer Großhandlung für Kraftfahrzeugteile fortzusetzen, in der sein Vater eine führende Position hat. Doch zuvor will er Frau Berger noch einmal seine Meinung sagen.

a) Bilden Sie mehrere Parallelgruppen (nicht mehr als sechs Mitglieder) und stellen Sie die Konfliktsituationen 1 und 2 in einem Szenenspiel vor der Klasse nach.

b) Bilden Sie Teams mit jeweils drei Mitgliedern (Stammgruppen) und klären Sie die Rechtslage für beide Situationen.

c) • Bereiten Sie in Gruppen mit maximal drei Mitgliedern (Parallelgruppen bilden) ein Rollenspiel vor, indem Sie Rollenkarten für Lea Porowski (Gruppe A) bzw. Tim Böttcher (Gruppe B) entwerfen. Suchen Sie nach Argumenten für die jeweiligen Interessen und nach Möglichkeiten zur Konfliktlösung. Entwerfen Sie einen Beobachtungsbogen mit passenden Beobachtungskriterien (z. B. fachliche Sicherheit, Auftreten, überzeugende Argumentation).

• Entscheiden Sie in Ihrer Gruppe, wer welche Rolle übernimmt (Auszubildender, Chef, Beobachter) und spielen Sie die Rollen durch. Der Beobachter macht sich Notizen auf seinem Beobachtungsbogen.

• Zum Abschluss können zwei Gruppen (zu jeder Situation) in einem Innenkreis ihr Rollenspiel vorführen. Die Schüler im Außenkreis bewerten die Konfliktgespräche anhand des Beobachtungsbogens. Anschließend stellen sich die Gruppen den Bewertungen in einer Diskussion.

2.2 Jugendarbeitsschutzgesetz – Schutz des jugendlichen Arbeitnehmers

EINSTIEGSSITUATION

Ihre Ausbildungsleiterin, Frau Nora Köppel, möchte eine Fragerunde für alle jugendlichen Auszubildenden durchführen. Sie sollen sich darauf vorbereiten, indem Sie die folgenden Lückentexte ergänzen.

AUFGABE 1

Das Jugendarbeitsschutzgesetz (JArbSchG) gilt für jugendliche Arbeitnehmer und Auszubildende. Jugendlich ist, wer _____ Jahre, aber noch nicht _____ Jahre alt ist.

Berufsausbildung im dualen System

AUFGABE 2

Regelungen des JArbSchG zur Arbeitszeit:

- Arbeitstage pro Woche: höchstens _____ Tage
- Arbeitszeit pro Tag: höchstens _____ Stunden
- Arbeitszeit pro Woche: höchstens _____ Stunden
- Schichtzeit pro Tag: höchstens _____ Stunden
- Arbeitsbeginn: frühestens _____ Uhr morgens
- Arbeitsende: spätestens _____ Uhr abends

Wenn an einzelnen Werktagen die Arbeitszeit unter _____ Stunden beträgt, dann können Jugendliche an den übrigen Werktagen derselben Woche bis zu _____ Stunden beschäftigt werden.

AUFGABE 3

Ein Berufsschultag pro Woche mit mehr als _____ Unterrichtsstunden wird mit _____ Stunden auf die Arbeitszeit angerechnet. Am zweiten Berufsschultag der Woche wird nur die Unterrichtszeit einschließlich der Pausen auf die Arbeitszeit angerechnet. Hier kann der Ausbildungsbetrieb den Jugendlichen auch nach der Berufsschule beschäftigen (§ 9 JArbSchG).

AUFGABE 4

Mindesturlaub für jugendliche bzw. erwachsene Auszubildende:

- am 01.01. noch nicht 16 Jahre alt: mindestens _____ Werktage
- am 01.01. noch nicht 17 Jahre alt: mindestens _____ Werktage
- am 01.01. noch nicht 18 Jahre alt: mindestens _____ Werktage
- am 01.01. über 18 Jahre alt: mindestens _____ Werktage

2.3 Arbeitssicherheit und Unfallschutz am Arbeitsplatz

EINSTIEGSSITUATION

Im Anschluss an eine Fortbildung für Ersthelfer bittet Sie Ihre Ausbildungsleiterin, Ihr Wissen anhand der folgenden Aufgaben zu überprüfen und Ihren Arbeitsplatz anhand der „Checkliste für Bildschirmarbeitsplätze" zu analysieren.

Lernfeld 1

AUFGABE 1

Erläutern Sie die unten abgebildeten Sicherheitszeichen, indem Sie die Zeichenart bestimmen und die Bedeutung der jeweiligen Zeichen angeben.

Zeichenart	Beispiele
_____	_____ _____ _____
_____	_____ _____ _____
_____	_____ _____ _____
_____	_____ _____ _____
_____	_____ _____ _____

Berufsausbildung im dualen System

AUFGABE 2

Unfälle am Arbeitsplatz können unterschiedliche Ursachen haben. Ergänzen Sie die folgende Tabelle, indem Sie jeweils mindestens zwei weitere Beispiele für die Ursachen nennen.

Unfallursache	Beispiele
technische Ursache	• fehlende Schutzvorrichtung
soziale Ursache	• Angeberei („Mutproben")
körperliche Ursache	• Ermüdung
psychische Ursache	• Bequemlichkeit

AUFGABE 3

Ergänzen Sie die folgende Übersicht der Verhaltensregeln bei einem Notfall (Unfall).

Grundsätze	
Notruf absetzen (112)	1. 2. 3. 4. 5. 6.

Lernfeld 1

AUFGABE 4

Überprüfen Sie Ihren Arbeitsplatz anhand der folgenden Checkliste zur Arbeitsgestaltung von Bildschirmarbeitsplätzen.

Checkliste zur Arbeitsgestaltung von Bildschirmarbeitsplätzen

	ja	nein
Bildschirmtisch		
• Ist der **nicht höhenverstellbare** Tisch 720 mm hoch oder verfügt der **höhenverstellbare** Tisch über einen Verstellbereich von **680–760 mm**?	☐	☐
• Ist die Tischplatte **halbmatt bis seidenmatt** (geringer Reflexionsgrad)?	☐	☐
Bürodrehstuhl		
• Ist die Sitzhöhe von **420–530 mm** verstellbar?	☐	☐
• Ist die **Rückenlehne** in einem Bereich von **170–230 mm** über der Sitzfläche **stufenlos höhenverstellbar**?	☐	☐
Qualität des Bildschirms		
• Ist die Oberfläche des Bildschirms **reflexarm**?	☐	☐
• Hat der Bildschirm **Positivdarstellung**?	☐	☐
• Ist der **Bildschirm** im rechten Winkel zum Lichteinfall aufgestellt?	☐	☐
• Beträgt der **Sehabstand** zwischen Bildschirm und Augen **450–650 mm**?	☐	☐
• Ist der Bildschirm **drehbar und neigbar**?	☐	☐
Lärm		
Werden Lärm und Geräusche so weit gedämmt, dass die Konzentration bei geistiger Arbeit nicht gestört und die sprachliche Kommunikation möglich ist? **(40–55 db (A))**	☐	☐
Raumklima		
Liegt die **Raumtemperatur** in der Regel zwischen **21°–22° C**, bei **hohen Außentemperaturen bei max. 26° C**?	☐	☐
Beleuchtung		
• Beträgt die Beleuchtungsstärke im Raum **300–500 Lux**?	☐	☐
• Sind die Leuchten in parallelen Reihen zum Fenster hin angeordnet?	☐	☐
• Werden **Blendungen** durch einfallendes Tageslicht (z. B. durch Sonnenschutzjalousien) **verhindert**?	☐	☐
• Werden im Büroraum einheitlich **warmweiße** Lichtfarben eingesetzt?	☐	☐
Raumgestaltung		
• Stehen in herkömmlichen Büros je **Arbeitsplatz 8–10 m²** zur Verfügung?	☐	☐
• Stehen in Großraumbüros je **Arbeitsplatz 12–15 m²** zur Verfügung?	☐	☐
• Sind Pflanzen aufgestellt?	☐	☐

Berufsausbildung im dualen System

2.4 Tarifvertrag – Garant des sozialen Friedens

EINSTIEGSSITUATION

Die Auszubildenden Marie Braun und Carl Löffler unterhalten sich. Frau Braun sagt: „Ein Bekannter von mir ist in die Gewerkschaft eingetreten." Carl Löffler antwortet: „Was machen die Gewerkschaften eigentlich genau?" „Sie vertreten deine Interessen! Du solltest dich mal mit dem Thema ‚Tarifvertrag' beschäftigen – dazu könntest du den folgenden ‚Test' absolvieren", meint Frau Braun.

AUFGABE 1

Beschreiben Sie anhand der folgenden Karikatur die wichtigsten Interessengegensätze zwischen Arbeitgebern und Arbeitnehmern.

_____
_____
_____
_____
_____
_____

AUFGABE 2

Nennen Sie wichtige Argumente der Arbeitnehmer bzw. Arbeitgeber bei Entgelttarifverhandlungen.

Argumente der Arbeitnehmer	Argumente der Arbeitgeber

Lernfeld 1

■ AUFGABE 3

Wie kommen die Tarifparteien zu einer Einigung? Ordnen Sie in dem Zusammenhang die folgenden Ablaufschritte in unten stehendes Schaubild ein:

Streik, Schlichtungsverfahren (allgemeine Schlichtung), Start der Verhandlungen, Urabstimmung (mindestens 25 % der Gewerkschaftsmitglieder stimmen zu), Urabstimmung (mindestens 75 % der Gewerkschaftsmitglieder stimmen zu), Erklärung des Scheiterns, Ablehnung des Schlichterspruchs (Ende der Friedenspflicht), Abwehraussperrung, neues Verhandlungsergebnis, neue Verhandlungen (besondere Schlichtung).

Ablaufschema für Tarifverhandlungen mit Kampfmaßnahmen

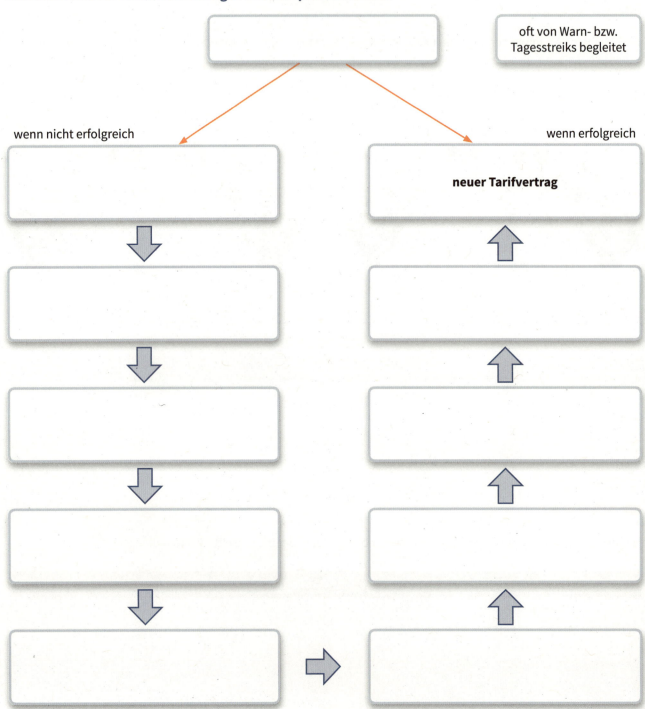

Berufsausbildung im dualen System

2.5 Mitwirkung und Mitbestimmung der Arbeitnehmer

EINSTIEGSSITUATION

Sie beabsichtigen, sich als Auszubildendenvertreter in die Jugend- und Auszubildendenvertretung wählen zu lassen. Sie bereiten eine Wahlveranstaltung im Aufenthaltsraum vor. Dazu müssen Sie sich in Fragen der betrieblichen Mitbestimmung fit machen. Bearbeiten Sie dazu folgende Aufgaben.

AUFGABE 1

Listen Sie die vier Individualrechte jedes Arbeitnehmers auf (§§ 81 bis 84 BetrVG).

_____
_____
_____
_____

AUFGABE 2

Ergänzen Sie die Tabelle mit den abgestuften Kollektivrechten des Betriebsrats.

echte Mitbestimmungsrechte	_____ Angelegenheiten, z. B.:
Widerspruchs- bzw. Zustimmungsrechte	_____ Angelegenheiten, z. B.:
Beratungs- und Anhörungsrechte	**wirtschaftliche Angelegenheiten**, z. B.:
reine Informationsrechte	**wirtschaftliche Angelegenheiten**, z. B.:

Lernfeld 1

AUFGABE 3

Nennen Sie einige Aufgaben des Betriebsrats nach § 80 BetrVG.

_____
_____
_____
_____
_____
_____
_____

AUFGABE 4

Ergänzen Sie den folgenden Lückentext.

Betriebsrat	• Die **Amtszeit** des Betriebsrats beträgt _____ Jahre. • **Wahlberechtigt** sind alle Arbeitnehmer, die das _____ Lebensjahr vollendet haben (der Betrieb muss jedoch mindestens _____ wahlberechtigte Arbeitnehmer beschäftigen). • **Wählbar** sind alle _____, die _____ Monate dem Betrieb angehören.
Jugend- und Auszubilden-denvertretung (JAV)	• Die **Amtszeit** der JAV beträgt _____ Jahre. • **Wahlberechtigt** sind alle _____ Arbeitnehmer oder Auszubildenden, die das _____ Lebensjahr noch nicht vollendet haben (der Betrieb muss mindestens _____ wahlberechtigte jugendliche Arbeitnehmer bzw. Auszubildende beschäftigen). • **Wählbar** sind alle _____ des Betriebs mit aktivem Wahlrecht, die das _____ Lebensjahr noch nicht vollendet haben.

AUFGABE 5

Nennen Sie drei Aufgaben der JAV nach § 70 BetrVG.

_____
_____
_____
_____
_____

Lernfeld 2

Bestände und Erfolgsvorgänge erfassen und den Jahresabschluss vorbereiten

1 Das Rechnungswesen im Autohaus

LERNSITUATION 1

Nora Braun und Pascal Palm sind zurzeit in der Abteilung Rechnungswesen eingesetzt. Der Leiter des Rechnungswesens, Herr Löppel, bittet die beiden Auszubildenden, die Regeln zur Erstellung eines Inventars und einer Bilanz zu notieren. Außerdem sollen sie Geschäftsfälle finden, die zu einer Wertveränderung der Bilanz führen. Für das nächste Ausbildungsgespräch soll außerdem ein Handout erstellt werden, welches die nachfolgenden Punkte beinhaltet:

- Welche Regeln gelten bei der Eröffnung von Bestandskonten?
- Welche Regeln gelten für die Buchung auf Aktivkonten?
- Welche Regeln gelten für die Buchung auf Passivkonten?
- Wie werden Bestandskonten abgeschlossen?
- Wie funktioniert das Grundprinzip der doppelten Buchführung und welche Grundsätze gelten für die ordnungsmäßige Buchführung?
- Welche Arbeiten sind für die Vorbereitung des Jahresabschlusses zu erledigen?
- Was muss beim Jahresabschluss eines Unternehmens beachtet werden?

ARBEITSAUFTRÄGE

1. Informieren Sie sich mithilfe des Schülerbuches und sonstigen Informationsquellen über Ihren Themenbereich.
2. Notieren Sie wichtige Informationen stichpunktartig.
3. Erstellen Sie die in der Situation geforderten Unterlagen und achten Sie auf eine ansprechende Gestaltung.
4. Bereiten Sie sich auf die Präsentation vor.
5. Präsentieren Sie Ihre Ergebnisse in einer szenischen Darstellung (Azubis und Herr Löppel).
6. Prüfen Sie die Informationen auf Vollständigkeit und Richtigkeit und üben Sie konstruktive Kritik.
7. Überlegen Sie, wie Sie sich während der Präsentation gefühlt haben, und ziehen Sie aus Ihren Erkenntnissen Schlüsse für Ihr zukünftiges Handeln.
8. Nutzen Sie das neu gewonnene Wissen für die Zukunft.

Lernfeld 2

Zusatzmaterial

von: Matti Köppel
an: die Auszubildenden der Autohaus Köppel GmbH

Liebe Auszubildenden,

hier noch ein Hinweis zur Bilanz und zu den Auswirkungen der Geschäftsfälle auf diese:

Bitte berücksichtigen Sie, dass die Schlussbilanz eines jeden Geschäftsjahres gleichzeitig auch die Eröffnungsbilanz des Folgegeschäftsjahres ist. Durch die Geschäftsfälle während des Geschäftsjahres werden die in der Bilanz ausgewiesenen Werte laufend vermindert oder vermehrt. Grundsätzlich verändert ein Geschäftsfall immer die Werte von mindestens zwei Bilanzposten. Behalten Sie auch in Erinnerung, dass vier Veränderungsmöglichkeiten bestehen:

- **Aktivtausch** (Auf der Aktivseite werden die Werte von mindestens zwei Bilanzposten der Bilanz verändert. Der eine Bilanzposten vermehrt und der andere Bilanzposten vermindert sich. Dabei bleibt die Bilanzsumme unverändert.)
- **Passivtausch** (Auf der Passivseite werden die Werte von mindestens zwei Bilanzposten der Bilanz verändert. Der eine Bilanzposten vermehrt und der andere Bilanzposten vermindert sich. Dabei bleibt die Bilanzsumme unverändert.)
- **Aktiv-Passiv-Mehrung = Bilanzverlängerung** (Auf der Aktivseite und auf der Passivseite werden die Werte von mindestens einem Bilanzposten erhöht. Dabei erhöht sich die Bilanzsumme auf beiden Seiten um den gleichen Betrag.)
- **Aktiv-Passiv-Minderung = Bilanzverkürzung** (Auf der Aktivseite und auf der Passivseite werden die Werte von mindestens einem Bilanzposten vermindert. Dabei vermindert sich die Bilanzsumme auf beiden Seiten um den gleichen Betrag.)

Viele Grüße

Matti Köppel

Sozialformen im Unterricht

Durch die Sozialform im Unterricht werden Beziehungen geregelt. Äußerlich sind diese Beziehungen durch die Raumordnung bzw. Sitzordnung in einem Raum erkennbar, innerlich zeigt sich die Sozialform jedoch in Form der Kommunikationsstruktur oder der Interaktionsstruktur. Wichtig ist, dass für jede Sozialform immer eine genaue Zeitvorgabe mitgeteilt wird, damit die Schülerinnen und Schüler eine Orientierung haben.

Man unterscheidet zwischen verschiedenen Sozialformen:

- Einzelarbeit (EINER allein)
- Partnerarbeit (ZWEI Personen zusammen)
- Gruppenarbeit (zwischen DREI und maximal FÜNF Personen)
- Plenum (ALLE zusammen)

Wie arbeite ich in Einzelarbeit, Partnerarbeit oder Gruppenarbeit?
Während dieser Arbeitsphasen bekommen die Schülerinnen und Schüler einen Arbeitsauftrag, der dann in einem bestimmten Zeitrahmen in der entsprechenden Sozialform ausgeführt werden muss.

Einzelarbeit
Die Schülerinnen und Schüler arbeiten allein. Sie haben während der Einzelarbeit die Möglichkeit, ihren Fähigkeiten entsprechend zu arbeiten. Das Arbeitstempo, die Arbeitsweise sowie das unabhängige Arbeiten von einem Partner

tragen zum idealen Lernerfolg bei. Während der Einzelarbeit kann der Moderator (Lehrperson) speziell auf die Fragen und Probleme, die sich ggf. während eines Arbeitsauftrages ergeben, eingehen. Die Präsentation der Ergebnisse erfolgt allein.

Partnerarbeit

Die Schülerinnen und Schüler arbeiten zu zweit. Dies hat den Vorteil, dass Gedanken zu einem Themenbereich ausgetauscht werden können, Sachverhalte besser erschlossen bzw. sich gegenseitig erklärt werden können und so eine gewisse Sicherheit bei den Schülerinnen und Schülern entsteht. Weiterhin prägt sich der Themenbereich, über den man sich ausgetauscht hat, besser im Gedächtnis ein.

Es wird jedoch auch gegenseitige Rücksichtnahme gelernt, da das Lerntempo der Partner nicht immer gleich sein muss. Weiterhin wird die Kooperationsfähigkeit gefördert. Es ist möglich, dass ein/-e Schüler/-in die Ergebnisse der Partnerarbeit festhält oder beide Schüler/-innen die Ergebnisse notieren. Bei Fragen oder Problemen kann der Moderator (Lehrperson) auch hier sehr gut und spezifisch Hilfestellung leisten. Auch von der Einteilung der Partner hat die Lehrperson große Einflussmöglichkeiten. So ist es evtl. sinnvoll, schwache Schülerinnen und Schüler mit stärkeren Schülerinnen und Schülern zusammenarbeiten zu lassen. Die Präsentation der Ergebnisse erfolgt zu zweit (wichtig: Themenbereich aufteilen!).

Gruppenarbeit

Die Schülerinnen und Schüler arbeiten in einer Gruppe zwischen drei und fünf Personen. In der Gruppenarbeit werden soziale Fähigkeit sowie das Vertreten der eigenen Meinung als auch die Kooperationsfähigkeit gefördert. Aufgaben müssen in der Gruppe selbstständig verteilt und bearbeitet werden. Meist kristallisiert sich schnell ein Gruppensprecher in der Gruppe heraus, der dafür verantwortlich ist, alle Gruppenmitglieder in das Gruppengeschehen mit einzubinden. Bei Bedarf kann der Moderator (Lehrperson) auch hier Hilfestellung leisten. Die Präsentation der Ergebnisse erfolgt gemeinsam mit der Gruppe. Der Gruppensprecher muss jedoch dafür Sorge tragen, dass jedes Gruppenmitglied auch während der Präsentationsphase aktiv ist.

Plenum

Unter einem Plenum (lat.: „plenus; plena, plenum = voll") versteht man das Besprechen oder Präsentieren von Ergebnissen bzw. Sachverhalten im Klassenverband (also alle Schülerinnen und Schüler sowie die Lehrperson). Anregungen, konstruktive Kritik, aber auch Zustimmung können im Plenum stattfinden.

Feedback geben und nehmen

Äußert man sich zu einem Sachverhalt, einer Arbeitsweise oder einem Themenbereich, gibt man ein Feedback, also eine Rückmeldung ab. Selbstverständlich kann man sich auch zu Dokumentinhalten, Designs, einem Vortrag oder Sonstigem äußern.

Feedbackziele

- Sicht und Wertung von anderen Personen werden der eigenen Wahrnehmung gegenübergestellt.

- Fehler bzw. Verhaltensweisen, die weniger optimal sind, werden so u. U. aufgedeckt.

- Das Selbstwertgefühl des Feedbacknehmers kann gestärkt werden.

- Der Lernprozess wird gefördert, es wird zur Selbstreflexion in Bezug auf den Umgang mit sich selbst und anderen angeregt (Selbstkompetenz, Sozialkompetenz).

- Die Zusammenarbeit mit anderen Personen wird gefördert.

- Verbesserung der eigenen Arbeitsleistung

Lernfeld 2

Wie wird Feedback gegeben?

- im Vorfeld über Vertraulichkeit, Datenschutz, gegenseitiges Vertrauen sprechen
- im Vorfeld Absprachen und Vereinbarungen treffen, an die sich jedes Mitglied der Feedbackrunde hält
- Feedback konstruktiv, konkret, knapp und sachlich geben
- keine Wertung vornehmen, sondern beschreiben, was wahrgenommen wurde
- Die Rückmeldungen dürfen nicht verletzend sein.
- nur auf der Sachebene kommunizieren
- Vorsicht bei der Wortwahl: Das gesprochene Wort kann nicht mehr zurückgenommen werden.

Wie sollte Feedback angenommen werden?

- Anmerkungen der Feedbackgeber ernst nehmen
- die Aussagen nur auf den Themenbereich, jedoch nicht auf die eigene Person beziehen (Sachebene berücksichtigen)
- Feedback annehmen und konstruktiv mit diesem umgehen (was kann in Zukunft verändert, verbessert bzw. beibehalten werden)
- Feedback für sich selbst notieren und aus den einzelnen Punkten Nutzen ziehen (negative Aspekte in Zukunft vermeiden, positive Aspekte weiter einsetzen, berücksichtigen)

Wissen testen

AUFGABE 1

Wo werden die folgenden Vorgänge gebucht (Soll oder Haben)?

- Anfangsbestand eines Aktiv- bzw. Passivkontos
- Zugänge auf einem Aktiv- bzw. Passivkonto
- Abgänge auf einem Aktiv- bzw. Passivkonto
- Saldo eines Aktiv- bzw. Passivkontos

AUFGABE 2

Ihnen liegen folgende Anfangsbestände zum 01.06. vor:

Geschäftsausstattung 100 000,00 €, Darlehen 55 000,00 €, Kasse 2 000,00 €, Bank 18 000,00 €, Verbindlichkeiten aus Lieferungen und Leistungen 12 000,00 €, Forderungen aus Lieferungen und Leistungen 30 000,00 €, Waren 120 000,00 €

Folgende Geschäftsfälle fallen im Juni an:

- Einkauf von Waren auf Ziel 5 000,00 €
- Banküberweisung einer Eingangsrechnung 2 400,00 €
- Bankgutschrift auf unserem Bankkonto (Kunde zahlt Rechnung) 1 450,00 €
- Barverkauf von Zubehörteilen 285,00 €

  a) Erstellen Sie die Eröffnungsbilanz zum 01.06. und eröffnen Sie die Konten.
  b) Bilden Sie die Buchungssätze zu den Geschäftsfällen und buchen Sie auf T-Konten.
  c) Schließen Sie die Konten zum 30.06. ab.

Das Rechnungswesen im Autohaus

1.1 Aufgaben des Rechnungswesens

EINSTIEGSSITUATION

Der Geschäftsleiter der Autohaus Köppel GmbH Matti Köppel bittet alle Auszubildenden zu sich. Diese sollen sich mit den Aufgaben des Rechnungswesens befassen und ihre Erkenntnisse schriftlich festhalten.

AUFGABE

Welche Aufgaben hat das Rechnungswesen?

___

1.2 Das Inventar

EINSTIEGSSITUATION

Verschiedene Arbeiten im Rahmen der Inventur sind zu erledigen. Nora Köppel überträgt den Auszubildenden diese Aufgaben.

AUFGABE 1

Folgende Inventurwerte für abnehmbare Anhängerkupplungen (AHK) wurden festgestellt. Ermitteln Sie den Gesamtinventurwert der Produktgruppe.

Lernfeld 2

Inventurliste		Jahr 201x	Seite x	Aufnahmedatum 31.12.201x
Artikelnr.	Bezeichnung	Menge	Einkaufswert in €	Gesamtwert in €
91200018	AHK Phantasia-Limousine	2	413,69	
91200019	AHK Phantasia-Kombi	12	442,16	
91200020	AHK Luxor-Limousine	1	678,98	
91200021	AHK Big Bag-SUV	10	611,94	
91200022	AHK Big House	6	547,12	
Gesamtinventurwert Produktgruppe Anhängerkupplungen:				
aufgenommen:	Nora Braun		geprüft:	Tim Gehlen

◼ AUFGABE 2

Alle Inventurarbeiten sind abgeschlossen und das Inventar soll erstellt werden. In einem Arbeitsgang sollen dabei die aktuellen Werte denen des Vorjahres gegenübergestellt werden. Später sollen die Veränderungen analysiert werden.

a) Erstellen Sie für beide Geschäftsjahre ein Inventar. Nutzen Sie den folgenden Vordruck.

b) Ermitteln Sie für beide Geschäftsjahre das Eigenkapital und tragen Sie das Ergebnis in den Vordruck ein.

Inventarposten	Vorjahr in €	Berichtsjahr in €
Kassenbestand	6 800,00	7 900,00
Grundstücke	140 000,00	142 000,00
Zubehör	14 000,00	99 000,00
Maschinen und Anlagen	230 000,00	258 000,00
Forderungen lt. Saldenliste	32 000,00	69 000,00
Darlehen	2 100 000,00	2 400 000,00
Werkzeuge und Vorrichtungen	46 000,00	48 000,00
Betriebseinrichtung	123 000,00	118 000,00
Betriebsfahrzeuge	27 000,00	23 000,00
Vorführfahrzeuge	107 000,00	65 000,00
Gebrauchtfahrzeuge lt. Anlage	67 000,00	178 000,00
Ersatzteile Original	610 000,00	138 000,00
Bankguthaben	138 000,00	120 000,00
Lieferantenschulden	783 000,00	968 000,00
kurzfristige Bankschulden	67 600,00	9 200,00
Gebäude	860 000,00	980 000,00
Neufahrzeuge lt. Anlage	835 000,00	980 000,00

Das Rechnungswesen im Autohaus

	Vorjahr		Berichtsjahr	
A. Vermögen (Aktiva)	Einzelwert in €	Gesamtwert in €	Einzelwert in €	Gesamtwert in €
Anlagevermögen				
1. Grundstücke				
A. Vermögen (Aktiva)				
Umlaufvermögen				
1. Neufahrzeuge				
Summe des Vermögens				
B. Schulden (Passiva)				
I.				
II.				
Summe der Schulden				
C. Reinvermögen				
Eigenkapital				

c) Nennen Sie für die Inventarposten „Gebäude", „Neufahrzeuge", „Ersatzteile Original", „Zubehör", „Forderungen" und „Darlehen" plausible Gründe für die Werteveränderungen.

___

1.3 Die Bilanz

EINSTIEGSSITUATION

Nachdem die verschiedenen Inventurarbeiten durchgeführt und die entsprechenden Werte ermittelt wurden, sollen sich die Auszubildenden nun mit den Auswirkungen der Daten auf die Bilanz befassen.

Das Rechnungswesen im Autohaus

AUFGABE

Erstellen Sie aus den Inventaren der Autohaus Köppel GmbH jeweils eine Bilanz. Nutzen Sie die folgenden Vorlagen.

Aktiva	Bilanz zum 31.12.201x (Vorjahr)		Passiva
I. Anlagevermögen		I. Eigenkapital	_____
Grundstücke	_____	II. Fremdkapital	
_____	_____	_____	_____
_____	_____		
_____	_____	kurzfristige Schulden	
_____	_____	_____	_____
II. Umlaufvermögen		_____	_____
Neufahrzeuge	_____		
_____	_____		
_____	_____		
_____	_____		
_____	_____		
_____	_____		
	_____		_____

Aktiva	Bilanz zum 31.12.201x (Berichtsjahr)		Passiva
I. Anlagevermögen		I. Eigenkapital	_____
Grundstücke	_____	II. Fremdkapital	
_____	_____	_____	_____
_____	_____		
_____	_____	kurzfristige Schulden	
_____	_____	_____	_____
II. Umlaufvermögen		_____	
_____	_____		
_____	_____		
_____	_____		
_____	_____		
_____	_____		
	_____		_____

Lernfeld 2

2 Buchungen auf Bestandskonten

2.1 Wertveränderungen in der Bilanz

EINSTIEGSSITUATION

Im Autohaus Köppel sind verschiedene Aufgaben in Bezug auf die Bilanzierung zu erledigen. Die Auszubildende Nora Braun wird damit betraut, die vier Arten der Wertveränderungen in der Bilanz darzustellen.

AUFGABE

a) Erstellen Sie eine Bilanz mit den folgenden Anfangsbeständen. Nutzen Sie dazu den nachstehenden Vordruck.

Grundstücke	120 000,00 €
Eigenkapital	105 000,00 €
Neufahrzeuge	400 000,00 €
Bank	18 000,00 €
Geschäftsausstattung	87 000,00 €
Verbindlichkeiten	375 000,00 €
Ersatzteile	60 000,00 €
Darlehen	220 000,00 €
Forderungen	15 000,00 €

Aktiva	Bilanzposten vor Werteveränderungen	Passiva
I. Anlagevermögen	I. Eigenkapital	
	II. Fremdkapital	
II. Umlaufvermögen		

b) **Geschäftsvorfall 1**

Das Autohaus kauft für 6 500,00 € Geschäftsausstattung ein und bezahlt die Lieferung per girocard vom Geschäftskonto.

Wie verändert sich die Bilanz durch diesen Geschäftsvorfall? Tragen Sie Ihr Ergebnis in den nachstehenden Vordruck ein. Beantworten Sie zuvor die folgenden Fragen, die Ihnen dafür als Hilfestellung dienen sollen.

Buchungen auf Bestandskonten

Welche Seiten der Bilanz sind betroffen?
_____

Welche Posten der Bilanz werden berührt?
_____

Wie sieht die Werteveränderung der Bilanzposten aus?
_____

Es handelt sich hier um
eine/einen: _____

Aktiva		Bilanzposten nach Geschäftsvorfall 1		Passiva
I. Anlagevermögen		I. Eigenkapital		_____
_____	_____			
_____	_____	II. Fremdkapital		
II. Umlaufvermögen		_____		_____
_____	_____	_____		_____
_____	_____			
_____	_____			
	_____			_____

c) Geschäftsvorfall 2

Das Autohaus wandelt eine Verbindlichkeit in Höhe von 26 000,00 € in ein Darlehen um. Wie verändert sich die Bilanz durch diesen Geschäftsvorfall? Tragen Sie Ihr Ergebnis in den nachstehenden Vordruck ein. Beantworten Sie zuvor die folgenden Fragen, die Ihnen dafür als Hilfestellung dienen sollen.

Welche Seiten der Bilanz sind betroffen?
_____

Welche Posten der Bilanz werden berührt?
_____

Wie sieht die Werteveränderung der Bilanzposten aus?
_____

Es handelt sich hier um
eine/einen: _____

Lernfeld 2

Aktiva	Bilanzposten nach Geschäftsvorfall 2	Passiva
I. Anlagevermögen		I. Eigenkapital
		II. Fremdkapital
II. Umlaufvermögen		

d) Geschäftsvorfall 3

Das Autohaus kauft Ersatzteile für 9 000,00 € auf Ziel. Wie verändert sich die Bilanz durch diesen Geschäftsvorfall? Tragen Sie Ihr Ergebnis in den nachstehenden Vordruck ein. Beantworten Sie zuvor die folgenden Fragen, die Ihnen dafür als Hilfestellung dienen sollen.

Welche Seiten der Bilanz sind betroffen?
_____

Welche Posten der Bilanz werden berührt?
_____

Wie sieht die Werteveränderung der Bilanzposten aus?
_____

Es handelt sich hier um
eine/einen: _____

Aktiva	Bilanzposten nach Geschäftsvorfall 3	Passiva
I. Anlagevermögen		I. Eigenkapital
		II. Fremdkapital
II. Umlaufvermögen		

Buchungen auf Bestandskonten

e) Geschäftsvorfall 4

Das Autohaus zahlt eine Verbindlichkeit in Höhe von 6 000,00 € per Onlinebanking. Wie verändert sich die Bilanz durch diesen Geschäftsvorfall? Tragen Sie Ihr Ergebnis in den nachstehenden Vordruck ein. Beantworten Sie zuvor die folgenden Fragen, die Ihnen dafür als Hilfestellung dienen sollen.

Welche Seiten der Bilanz sind betroffen?
_____

Welche Posten der Bilanz werden berührt?
_____

Wie sieht die Werteveränderung der Bilanzposten aus?
_____

Es handelt sich hier um
eine/einen: _____

Aktiva	Bilanzposten nach Geschäftsvorfall 4	Passiva
I. Anlagevermögen		I. Eigenkapital _____
_____	_____	
_____	_____	II. Fremdkapital
II. Umlaufvermögen		_____ _____
_____	_____	
_____	_____	
_____	_____	
	_____	_____

2.2 Auflösung der Bilanz in Konten

> **EINSTIEGSSITUATION**
>
> Ihnen liegt die folgende Notiz von Frau Köppel vor:
>
> **Buchungsregeln für Bestandskonten**
> Anfangsbestand: Dieser wird aus der Eröffnungsbilanz übernommen und steht auf der Seite, auf der er auch in der Eröffnungsbilanz steht.
> Mehrungen: Diese erhöhen den Bestand des Bestandskontos und stehen auf der Seite des Anfangsbestandes.
> Minderungen: Diese vermindern den Bestand des Bestandskontos und stehen auf der Gegenseite des Anfangsbestandes.
> Schlussbestand: Dieser wird in die Schlussbilanz übernommen und steht auf der Gegenseite des Anfangsbestandes. Voraussetzung dabei ist, dass dieser den Inventurwerten entspricht.

Lernfeld 2

■ AUFGABE

Tragen Sie die Mehrungen, Minderungen und den Schlussbestand in die folgende Übersicht ein.

Soll	Aktivkonto	Haben
Anfangsbestand		

Soll	Passivkonto	Haben
		Anfangsbestand

2.3 Aktive und passive Bestandskonten

> **EINSTIEGSSITUATION**
>
> Die Auszubildende Nora Braun erledigt die Hausaufgaben für die Berufsschule und muss verschiedene Fragen beantworten.

■ AUFGABE 1

Wie werden die aktiven Bestandskonten gebildet? Auf welcher Seite wird der Anfangsbestand gebucht?

_____
_____
_____
_____
_____

■ AUFGABE 2

Wie werden die passiven Bestandskonten gebildet und auf welcher Seite wird der Anfangsbestand gebucht?

_____
_____
_____
_____
_____

2.4 Abschluss der Bestandskonten

> **EINSTIEGSSITUATION**
>
> Frau Köppel hat für die Auszubildenden einen Test mit zwei Aufgaben vorbereitet. Dieser ist im Folgenden zu lösen.

AUFGABE 1

Ergänzen Sie die nachfolgende Tabelle. Bilden Sie die Buchungssätze und buchen Sie auf den vorgegebenen T-Konten.

Geschäftsvorfall	Welche Konten werden berührt?	Aktiv- oder Passiv-Konto?	Mehrung/Minderung?	Buchung auf der Soll-/Habenseite
1. Barkauf eines neuen Laserdruckers, 800,00 €				
2. Umwandlung einer kurzfristigen Verbindlichkeit in ein langfristiges Darlehen, 3 000,00 €				
3. Kauf von Originalersatzteilen auf Ziel, 2 500,00 €				
4. Rückzahlung eines langfristigen Darlehens durch Barzahlung, 2 000,00 €				

Soll	BGA.	Haben
AB	14 200,00	SB 15 000,00
1	800,00	
	15 000,00	15 000,00

Aktiva	Eröffnungsbilanz		Passiva
BGA	14 200,00	Eigenkap.	12 000,00
Originalersatztei.	12 500,00	Langfr. Darl.	9 000,00
Kasse	7 800,00	Kurzfr. Verb.	13 500,00
	34 500,00		34 500,00

Soll	Eigenkapital	Haben

Soll		Haben

Soll		Haben

Soll		Haben

Aktiva	Schlussbilanz		Passiva
BGA		Eigenkap.	
Originalersatztei.		Langfr. Darl.	
Kasse		Kurzfr. Verb.	

Soll		Haben

Lernfeld 2

AUFGABE 2

Bildung eines Buchungssatzes.

Sollbuchung	€ Betrag	an	Habenbuchung	€ Betrag
1. Nennung des Kontos auf dem im Soll gebucht wird.	2. Nennung des entsprechenden Betrages der Sollbuchung	3. Nennung des Wortes „an" zur Trennung von Soll- und Habenbuchung	4. Nennung des Kontos auf dem im Haben gebucht wird	5. Nennung des entsprechenden Betrages der Habenbuchung

Beispiel: die Autohaus Köppel GmbH kauft einen neuen Drucker für 1 400,00 € auf Ziel (Rechnung).

Vorgehensweise zur Bildung eines Buchungssatzes

Welche Bestandskonten werden berührt?	Welche Kontenart liegt dabei vor?	Bestandsmehrung oder -minderung?	Buchung auf der Soll- oder Habenseite des Kontos?

Der Buchungssatz lautet:

Sollbuchung	€-Betrag	an	Habenbuchung	€-Betrag

Merksatz für alle Buchungssätze: Die Summe der Sollbuchung ist gleich der Summe der Habenbuchung!

3 Organisation der Buchführung

3.1 Der Kontenrahmen

> **EINSTIEGSSITUATION**
>
> Die Auszubildenden Nora Braun und Carl Löffler unterhalten sich. Beide sind in der Buchhaltung eingesetzt und stellen fest, dass sich der Kontenrahmen vom Schulkontenrahmen etwas unterscheidet. Um sich besser in diesen Themenbereich einarbeiten zu können, erledigen sie die folgenden Aufgaben.

AUFGABE 1

Notieren Sie, wie der Kontenrahmen aufgebaut ist.

AUFGABE 2

Warum können sich Kontenrahmen unterscheiden?

___

3.2 Bearbeitung von Belegen

EINSTIEGSSITUATION

Die Auszubildende Nora Braun möchte die im Unternehmen anfallenden Belege katalogisieren, um diese vorzusortieren. Die Lösung der folgenden Aufgabenstellung soll ihr dabei helfen.

AUFGABE 1

Welche Arten von Belegen gibt es? Notieren Sie jeweils Beispiele.

___

AUFGABE 2

Welche Anforderungen muss ein Beleg erfüllen, damit er von der Finanzverwaltung anerkannt wird?

___

Lernfeld 2

3.3 Grundsätze ordnungsmäßiger Buchführung

> **EINSTIEGSSITUATION**
>
> „Testet euer Wissen", sagt Frau Köppel in der monatlichen Azubirunde und teilt ein Arbeitsblatt zum Thema „Ordnungsmäßige Buchführung" aus. Die Auszubildenden legen direkt los mit der Bearbeitung.

AUFGABE 1

Nennen Sie die Grundsätze der ordnungsmäßigen Buchführung.

AUFGABE 2

Nennen Sie eine gesetzliche Aufbewahrungsfrist für Belege und geben Sie Beispiele an.

3.4 Grundbuch, Hauptbuch, Nebenbücher

> **EINSTIEGSSITUATION**
>
> Nachdem die Auszubildenden den Test zum Thema „Ordnungsmäßige Buchführung" durchgeführt haben, bespricht Frau Köppel mit Ihnen die Ergebnisse. Während des Gesprächs fallen die Wörter „Grundbuch", „Hauptbuch", „Nebenbücher". Carl Löffler fragt nach: „Wo liegen denn da die Unterschiede und welche Inhalte haben die Bücher?" Frau Köppel gibt die Frage an die Auszubildenden weiter.

AUFGABE 1

Was wird im Grundbuch gebucht?

_____
_____
_____
_____

AUFGABE 2

Was wird in die Sachkonten des Grundbuchs aufgenommen?

_____
_____
_____
_____

AUFGABE 3

Was wird im Grund- und Hauptbuch wiedergegeben?

_____
_____
_____
_____

AUFGABE 4

Was wird im Kontokorrentbuch gebucht?

_____
_____
_____

Lernfeld 2

4 Die Erfolgskonten

4.1 Aufwendungen

> **EINSTIEGSSITUATION**
>
> Eine Klassenarbeit steht an. Nora Braun und Carl Löffler bearbeiten in ihrer Mittagspause die Übungsblätter.

AUFGABE 1

Fassen Sie kurz in Ihren eigenen Worten die wesentlichen Fakten über die Erfolgskonten und deren Buchungsregeln zusammen.

___

AUFGABE 2

Ihnen liegt die nachfolgende Tabelle vor. Füllen Sie diese aus und buchen Sie die Geschäftsvorfälle. Schließen Sie die Erfolgskonten ab. Wie hoch ist das Eigenkapital nach diesen Geschäftsvorfällen?

Geschäftsvorfall	Eigenkapitalmehrung/ -minderung?	Sollbuchung und Betrag in €	an	Habenbuchung und Betrag in €
1. Eingang der Mietzahlung für ein vermietetes Grundstück auf das Bankkonto, 120,00 €				
2. Einkauf von Büromaterial, Zahlung per girocard, 86,00 €				
3. Zinsgutschrift der Bank, 116,00 €				
4. Banküberweisung der monatlichen Miete für ein angrenzendes Eckgrundstück, 250,00 €				

Die Erfolgskonten

Soll	1200 Bank	Haben
AB	23 000,00	

Aktiva	GuV	Passiva

Soll		Haben
	120,00	120,00

Soll		Haben

Aktiva	Eigenkapital	Passiva
	AB	16 800,00

Soll		Haben

Soll		Haben

Abschlussbuchungen:

Eigenkapital: _____

4.2 Erträge

> **EINSTIEGSSITUATION**
>
> Eine Klassenarbeit steht an. Nora Braun und Carl Löffler bearbeiten in ihrer Mittagspause weitere Übungsblätter.

▮ AUFGABE 1

Welche Auswirkungen haben Erträge für ein Unternehmen?

_____
_____
_____
_____
_____

▮ AUFGABE 2

Wo werden Erträge gebucht?

_____
_____

Lernfeld 2

4.3 Abschluss der Erfolgskonten

> **EINSTIEGSSITUATION**
>
> Nachdem die beiden Auszubildenden die Übungen zum Thema „Erträge" gemacht haben, fragt Nora Braun Carl Löffler: „Du, sag mal, wie werden die Konten noch mal abgeschlossen?" Carl erläutert dies Nora und gibt ihr ein Übungsblatt zu diesem Themenbereich.

AUFGABE 1

Über welches Konto werden die Erfolgskonten abgeschlossen?

AUFGABE 2

Welche Vorteile für den Kfz-Unternehmer hat das Buchen von Aufwendungen und Erträgen auf Erfolgskonten?

5 Die Umsatzsteuer mit Prozentrechnen

5.1 Prozentrechnen

> **EINSTIEGSSITUATION**
>
> Frau Nora Köppel stellt fest, dass der eine oder andere Auszubildende Probleme mit dem Prozentrechnen hat. Daher hat sie verschiedene Übungen vorbereitet, die zu erledigen sind.

AUFGABE 1

Die Autohaus Köppel GmbH kauft ein Gebrauchtfahrzeug für 10 500,00 € an. Dies entspricht 55 % des Neupreises des Fahrzeugs. Ermitteln Sie den Neupreis.

Die Umsatzsteuer mit Prozentrechnen

AUFGABE 2

Verschiedene Sitzbezüge werden bestellt. Der Bruttobetrag eines Sitzbezuges beträgt 59,50 €. Ermitteln Sie den Nettobetrag pro Sitzbezug.

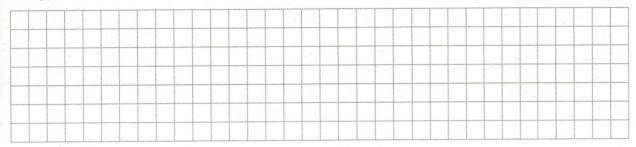

AUFGABE 3

Auf die Sitzbezüge aus der Aufgabe 2 erhält die Autohaus Köppel GmbH einen Rabatt in Höhe von 20 %. Daraufhin werden 50 Sitzbezüge bestellt. Ermitteln Sie den Rechnungsbetrag sowie die darin enthaltene Umsatzsteuer.

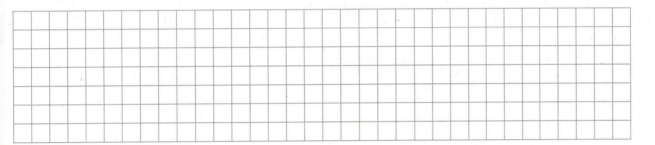

5.2 Umsatzsteuer

> **EINSTIEGSSITUATION**
>
> Die Aufgaben zum Prozentrechnen haben alle Auszubildenden erledigt. Carl Löffler fragt Frau Köppel: „Wir haben ja in einer Aufgabe den Nettobetrag für eine Ware ermitteln müssen. Worin liegt eigentlich der Unterschied zwischen Vorsteuer und Umsatzsteuer?" Frau Köppel teilt ein Blatt mit Aufgaben aus und bittet die Auszubildenden, diese zu bearbeiten.

AUFGABE 1

Wie wird die Umsatzsteuer bei einer Eingangsrechnung bezeichnet?

_____

AUFGABE 2

Wie wird die Umsatzsteuer bei einer Ausgangsrechnung bezeichnet?

_____

Lernfeld 2

AUFGABE 3

Auf welchem Konto wird die Vorsteuer gebucht? Begründen Sie Ihre Antwort.

_____
_____
_____

AUFGABE 4

Beantworten Sie die Frage von Carl Löffler aus der Einstiegssituation.

_____
_____
_____

AUFGABE 5

Die Autohaus Köppel GmbH bezieht von der Zahn & Rad GmbH einen Satz Winterräder für 280,00 € netto. Diesen verkauft das Autohaus Köppel im Thekenverkauf an einen Endkunden für 416,50 € brutto.
Stellen Sie die Systematik des Mehrwerts an diesem Beispiel mithilfe der folgenden Grafik dar und beantworten Sie anschließend die Fragen.

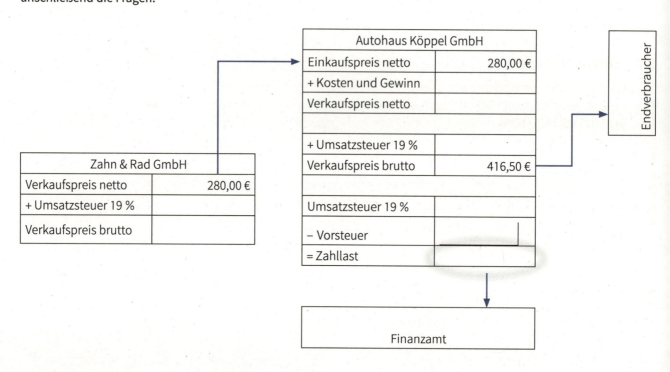

a) Wie hoch ist der Einkaufspreis der Winterräder (netto)?

_____

b) Wie hoch ist der Verkaufspreis der Winterräder (netto)?

_____

c) Wie hoch ist der entstandene Mehrwert?

_____

d) Wie hoch ist die Umsatzsteuer auf den Mehrwert?

_____

5.3 Abschluss der Umsatzsteuerkonten

EINSTIEGSSITUATION

Carl Löffler fragt Nora Braun: „Wie werden jetzt eigentlich die Umsatzsteuerkonten abgeschlossen?" Nora zuckt mit den Schultern. „Ich weiß es nicht", sagt sie.

AUFGABE 1

Wie wird die Umsatzsteuerzahllast ermittelt?

_____
_____
_____

AUFGABE 2

Beantworten Sie die Frage des Auszubildenden Carl Löffler aus der Einstiegssituation.

_____
_____
_____
_____

6 Vorbereitung des Jahresabschlusses

EINSTIEGSSITUATION

Der Jahresabschluss steht vor der Tür und muss vorbereitet werden. Die Auszubildenden Carl Löffler und Nora Braun sollen die Buchhaltung bei dieser Aufgabe unterstützen. Im Vorfeld sollen sie sich über diesen Themenbereich informieren und verschiedene Aufgaben lösen.

Lernfeld 2

AUFGABE 1

Was gehört zu den vorbereitenden Abschlussbuchungen?

_____
_____
_____
_____
_____
_____
_____
_____

AUFGABE 2

Ihnen liegen verschiedene Geschäftsvorfälle vor, die noch vor dem Jahresabschluss gebucht werden müssen. Bilden Sie jeweils den Buchungssatz und tragen diesen in die nachfolgenden Buchungstabellen ein.

a) Das Autohaus Köppel hat vor zwei Jahren einen Diagnosecomputer für die Direktannahme gekauft. Anschaffungswert: 26 000,00 €, betriebsgewöhnliche Nutzungsdauer: acht Jahre.

Buchung

Sollbuchung	€-Betrag	an	Habenbuchung	€-Betrag

b) Eine bisherige einwandfreie Forderung über 320,11 € (Kunde: Spedition Penner) wird durch die Insolvenz des Schuldners uneinbringlich.

Buchung

Sollbuchung	€-Betrag	an	Habenbuchung	€-Betrag

c) Folgende Bestandsliste Position 31–42 der Gebrauchtfahrzeuge (regelbesteuert) der Autohaus Köppel GmbH liegt vor:

lfd. Nr. im GW Liste	Liste Nr. 2 Produktgruppe: Cars Best regelbesteuert — Modell	Buchwert laut Buchhaltung in €	Händler-Einkaufspreis laut DAT/Schwacke in €	Erstellt zum 31.12.201x — Differenz Buchwert – Marktwert in €	von Laura Tannert — Abschreibungsbetrag in €	Restbuchwert in €
31	Maximo-Limousine	17 200,00	19 600,00	–2 400,00	—	17 200,00
32	Maximo-Limousine	15 600,00	12 200,00	3 400,00	3 400,00	12 200,00
33	Maximo-Limousine	9 400,00	6 800,00	2 600,00	2 600,00	6 800,00
34	Maximo-Limousine	8 800,00	9 400,00	–600,00	—	8 800,00
35	Phantasia-Kombi	22 600,00	22 600,00	0,00	—	22 600,00
36	Phantasia-Kombi	22 900,00	22 700,00	200,00	200,00	22 700,00
37	Phantasia-Kombi	20 800,00	22 000,00	–1 200,00	—	20 800,00
38	Big House	38 000,00	34 000,00	4 000,00	4 000,00	34 000,00
39	Luxor-Limousine	24 300,00	22 700,00	1 600,00	1 600,00	22 700,00
40	Spiders-Cabrio	15 200,00	16 200,00	–1 000,00	—	15 200,00
41	Spiders-Cabrio	23 000,00	23 500,00	–500,00	—	23 000,00
42	Spiders-Cabrio	11 000,00	13 800,00	–2 800,00	—	11 000,00
	Gesamtsummen	228 800,00	225 500,00		11 800,00	217 000,00

Bewerten Sie den Lagervorrat und nehmen Sie die entsprechende Buchung vor. Ergänzen Sie als Hilfe die fehlenden Angaben in der Bestandsliste.

Sollbuchung	€-Betrag	an	Habenbuchung	€-Betrag
Abschreibungen auf Waren	11 800,00	an	Gebrauchtfahrzeuge regelbesteuert	11 800,00

Lernfeld 2

d) Durch die Inventur wurde eine Bestandsdifferenz beim Zubehör festgestellt. Istwert laut Inventur: 24 512,00 €, Sollwert laut Buchhaltung: 25 002,00 €.

Buchung

Sollbuchung	€-Betrag	an	Habenbuchung	€-Betrag

e) Die Umsatzsteuerzahllast in Höhe von 111 312,89 € wird zum Jahresende als Verbindlichkeit in die Bilanz übernommen.

Buchung

Sollbuchung	€-Betrag	an	Habenbuchung	€-Betrag

f) Die Multirisk-Versicherungsprämie in Höhe von 47 312,00 € wurde von der Autohaus Köppel GmbH für das Folgejahr bereits am 28.12. überwiesen und als aktiver RAP gebucht. Dieser Posten muss noch in die Bilanz übernommen werden.

Buchung

Sollbuchung	€-Betrag	an	Habenbuchung	€-Betrag

g) Die Autohaus Köppel GmbH prüft noch einen Kulanzfall. Für diesen Fall soll noch eine Rückstellung in Höhe von 1 800,00 € gebildet werden.

Buchung

Sollbuchung	€-Betrag	an	Habenbuchung	€-Betrag

7 Der Jahresabschluss

> **EINSTIEGSSITUATION**
>
> Die vorbereitenden Arbeiten für den Jahresabschluss sind erledigt und dieser kann nun durchgeführt werden. Da dieses Thema zurzeit auch in der Berufsschule behandelt wird, müssen Carl Löffler und Nora Braun noch einige Hausaufgaben zu diesem Themenbereich erledigen. Frau Köppel wird diese später kontrollieren.

AUFGABE 1

Beschreiben Sie in Stichworten die Bestandteile des Jahresabschlusses einer GmbH.

Bestandteil	Beschreibung

Lernfeld 2

AUFGABE 2

Der Jahresabschluss muss die tatsächliche Vermögens-, Finanz- und Ertragslage eines Unternehmens widerspiegeln. Welche Abschlussgrundsätze müssen dazu bei der Erstellung eines Jahresabschlusses eingehalten werden und was sagen diese aus?

Grundsatz	Beschreibung

Lernfeld 3

Teile und Zubehör beschaffen und lagern

1 Die Beschaffung

LERNSITUATION 1

Matti Köppel sendet am heutigen Vormittag eine E-Mail an die Auszubildenden Fin Schneider und Nora Braun. Diese sollen einen Workshop vorbereiten.

An: nora.braun@autohaus-köppel.de, fin.schneider@autohaus-köppel.de
Gesendet: Mittwoch, 13. Mai 20(0), 08:47
Von: matti.köppel@autohaus-köppel.de
Betreff: Informationsveranstaltung zum Themenbereich „Die Beschaffung"

Sehr geehrte Frau Braun,
sehr geehrter Herr Schneider,

wie bereits persönlich mit Ihnen besprochen, sende ich Ihnen heute alle Angaben, die Sie benötigen, um die Workshops für die Informationsveranstaltung zum Themenbereich „Die Beschaffung" vorzubereiten. Bitte wählen Sie ein Produkt aus, mit dem Sie die Inhalte Ihres Themenbereichs darstellen bzw. veranschaulichen können.

Einzelne Inhalte der Workshops im Rahmen der Informationsveranstaltung sind:
a) Beschaffungsanbahnung
b) Vorbereitung der Bestellung
c) Beschaffungsdurchführung

Welches Präsentationsmedium Sie wählen, steht Ihnen frei. Sie können auch gerne die Workshop-Teilnehmer aktiv in Ihre Präsentation mit einbeziehen.

Bei Fragen können Sie jederzeit auf mich zukommen.

Bitte bedenken Sie, dass die von Ihnen ausgearbeiteten Unterlagen später für die Auszubildenden als Vorbereitungsmaterial für den gestreckten Teil 1 der Abschlussprüfung verwendet werden sollen. Vielleicht bietet sich daher auch das Erstellen von Handouts an?

Viele Grüße und Danke für Ihre Mühe

Matti Köppel

ARBEITSAUFTRÄGE

1. Informieren Sie sich mithilfe des Schülerbuches über Ihren Themenbereich und nutzen Sie auch die Ihnen aus der Situation vorliegenden Angaben.
2. Notieren Sie wichtige Informationen stichpunktartig.
3. Erstellen Sie in Partnerarbeit die geforderten Unterlagen für die Informationsveranstaltung zum Thema „Die Beschaffung". Wählen Sie zur Veranschaulichung ein Produkt aus Ihrem eigenen Arbeitsbereich aus.

Lernfeld 3

4. Überlegen Sie, wie Sie Ihr Publikum aktiv in die Präsentation mit einbeziehen können, und berücksichtigen Sie Ihre gefundenen Ideen während der Präsentationserstellung.
5. Bereiten Sie sich auf die Präsentation vor.
6. Präsentieren Sie Ihre Ergebnisse und beziehen Sie Ihr Publikum in die Präsentation mit ein.
7. Prüfen Sie die Inhalte auf Vollständigkeit und Richtigkeit. Geben Sie sich gegenseitig ein Feedback und reflektieren Sie, wie die Einbindung des Publikums funktioniert hat.
8. Ziehen Sie aus Ihren Erkenntnissen Schlüsse für die Zukunft und wenden Sie Ihr neu gewonnenes Wissen an.

Wissen testen

AUFGABE 1

Die Autohaus Köppel GmbH möchte neue Dachboxen in ihr Sortiment mit aufnehmen. Die Wahl ist auf das Modell XM3 gefallen, 178 cm x 52 cm x 35 cm (250 Liter). Insgesamt sollen 100 Dachboxen bestellt werden.

Nun liegen für die Dachboxen drei verschiedene Angebote vor und es soll ein Angebotsvergleich vorgenommen werden. Übernehmen Sie diese Aufgabe und führen Sie den Angebotsvergleich mit einem Tabellenkalkulationsprogramm durch. Stellen Sie Ihre Ergebnisse im Plenum vor und vergleichen Sie diese.

Welche Gründe sprechen neben dem Preis noch dafür, sich für einen bestimmten Lieferanten zu entscheiden? Notieren und erläutern Sie diese.

Angebot 1 – Firma Dachtech GmbH, Frau Karin Wulfes, Frauenstr. 127, 89073 Ulm Listeneinkaufspreis 97,00 €, Lieferantenrabatt 10 %, Lieferantenskonto 2 %, Bezugskosten 15,00 €

Angebot 2 – Gehendges KG, Herr Axel Kolz, Stuttgarter Str. 1 a, 54411 Hermeskeil Listeneinkaufspreis 101,00 €, Lieferantenrabatt 8 %, Lieferantenskonto 3 %, Bezugskosten 8,00 €

Angebot 3 – Rieth KG, Alexander Rieth Kornhausplatz 1, 89073 Ulm Listeneinkaufspreis 98,50 €, Lieferantenrabatt 7 %, Lieferantenskonto 3 %, Bezugskosten 9,50 €

AUFGABE 2

Sie haben sich für ein Angebot entschieden. Verfassen Sie mithilfe der Ihnen aus der Aufgabe 1 vorliegenden Angaben die Bestellung der 100 Dachboxen am PC. Achten Sie darauf, dass Ihr Schreiben alle wichtigen Informationen enthält. Präsentieren Sie Ihre Ergebnisse und vergleichen Sie diese. Nehmen Sie ggf. Änderungen/Ergänzungen vor und nutzen Sie Ihr neu erworbenes Wissen für die Zukunft.

1.1 Die Beschaffungsanbahnung

EINSTIEGSSITUATION

Angeregt durch die verstärkte Nachfrage wird die Beschaffung von Sitzbezügen erforderlich. Frau Köppel bittet die Auszubildenden, sich intensiv mit dieser Thematik zu befassen und die nachfolgenden Aufgaben zu lösen.

AUFGABE 1

Welche konkreten Quellen werden für die Ermittlung des Bedarfs an Sitzbezügen genutzt? Nennen Sie je zwei Beispiele und tragen Sie diese in die dafür vorgesehene Tabelle ein.

Die Beschaffung

interne Quellen	externe Quellen

AUFGABE 2

Das Warenwirtschaftssystem liefert eine Übersicht der im Bestand befindlichen Sitzbezüge. Einen Auszug zeigt die folgende Tabelle. Wie muss die Tabelle ausgewertet und interpretiert werden, wenn der Bestand beurteilt werden soll?

Artikel-Nr.	Artikelbezeichnung	Lagerbestand (Menge)	Lagerbestand (Wert)	
		Anzahl/Stück	Preis in €/Stück	Warenwert in €
139-11979	Sitzbezüge JUPITER	47	164,70	7 740,90
139-11980	Sitzbezüge SATURN	14	444,00	6 216,00
139-11983	Sitzbezüge MARS	122	28,70	3 501,40
139-11982	Sitzbezüge Kopfstütze KALLISTO	344	3,48	1 197,12
139-11988	Befestigungsring	475	1,80	855,00
	Gesamt			19 510,42

Lernfeld 3

AUFGABE 3

Die Autositze sollen angeschafft werden. Wie sind die klassischen Schlüsselfragen in diesem Zusammenhang zu beantworten? Welche Plangrößen ergeben sich bei Beantwortung der Schlüsselfragen? Ergänzen Sie als Hilfe die nachfolgende Tabelle.

Schlüsselfragen:	Was …?		Wie viel …?	Wann…?	Von wem …?
Plangrößen:	Sortiment	Qualität			
Zugehöriger Teilprozess:	Sortimentsplanung				
Konkrete Größen für das Beispiel:	• Sitzbezüge für Fahrzeugtyp … • Komplettset oder einzeln (für vorn und/ oder hinten)	• Material • Farbe • Design • Befestigung			
Konkretisierung bis …	Artikelnummer				

1.2 Die Vorbereitung der Bestellung

> **EINSTIEGSSITUATION**
>
> Nachdem die Auszubildenden die Fragen von Frau Köppel durchgearbeitet haben, sollen sie sich nun mit dem Themenbereich Warenanpreisung beschäftigen. Um zu prüfen, ob die Auszubildenden den Themenbereich verstanden haben, hat Frau Köppel verschiedene Fragen vorbereitet, die zu beantworten sind.

AUFGABE 1

Welche Quellen können für die Bezugsquellenermittlung genutzt werden? Tragen Sie Ihre Beispiele in die Tabelle ein.

Quellen für die interne Bezugsquellenermittlung	Quellen für die externe Bezugsquellenermittlung

Die Beschaffung

■ AUFGABE 2

Welche Formen der Anpreisung sind häufig nutzbar? Tragen Sie Ihre Erkenntnisse in die Tabelle ein.

bekannte Lieferanten	neue Lieferanten

■ AUFGABE 3

Welche prinzipiellen Arbeitsschritte sind bei der Internet-Recherche nach Lieferanten erforderlich?

_____
_____
_____
_____
_____
_____
_____
_____
_____
_____
_____

■ AUFGABE 4

Welches Ziel hat die Auswertung von Anpreisungen?

_____
_____
_____
_____
_____
_____
_____
_____

Lernfeld 3

AUFGABE 5

Welchen Grad der Konkretisierung können Anfragen haben?

_____
_____
_____
_____
_____
_____

AUFGABE 6

Welchen Zweck hat eine Anfrage?

_____
_____
_____
_____
_____
_____

AUFGABE 7

Welche rechtliche Verbindlichkeit hat eine Anfrage?

_____
_____
_____
_____
_____
_____

Die Beschaffung

AUFGABE 8

Tragen Sie wesentliche Merkmale und je ein Anwendungsbeispiel für die zwei Formen von Anfragen in die nachfolgende Tabelle ein.

	allgemeine Anfrage	spezielle Anfrage
Merkmal	Bitte um Zusendung von …	Bitte um Zusendung von …
Beispiel		

AUFGABE 9

Welchen Grad der Konkretisierung würden Sie für die Beschaffung der Sitzbezüge aus Kapitel 1.2.2 wählen? Begründen Sie Ihr Vorgehen.

AUFGABE 10

Warum ist es sinnvoll, bereits in die Anfrage möglichst konkrete Anforderungskriterien an das zu beschaffende Produkt mit aufzunehmen?

Lernfeld 3

AUFGABE 11

Welche konkreten Anforderungskriterien an Sitzbezüge würden Sie mit aufnehmen? Vervollständigen Sie dazu die folgende Tabelle.

Kenngröße	mögliche Angabe	Bemerkungen
Sitzbezüge für Fahrzeugtyp …		
Komplettset oder einzeln (für vorn und/oder hinten)		
Material		
Farbe		
Design		
Verpackung		
Befestigung		
Anzahl		
Liefertermin		
Einzelpreis		
Mengenrabatt		

Die Beschaffung

AUFGABE 12

Wie sind Anfragen häufig aufgebaut? Finden Sie Beispielformulierungen und tragen Sie diese in die nachfolgende Tabelle ein.

Inhalt	Erläuterung	Beispielformulierung
Betreff	Grund der Anfrage	
Produkte/Dienstleistungen und ggf. detailliertere Eigenschaften	Eigenschaften des zu beschaffenden Produkts/der zu beschaffenden Dienstleistung	
Bedarfsmenge		
Lieferkonditionen	Zu welchen Preisen kann geliefert werden? Welche Liefer- und Zahlungsbedingungen gelten?	

AUFGABE 13

Bitten Sie die Lieferanten um Angebote. Formulieren Sie mit dem heutigen Datum auf einem gesonderten Blatt eine Anfrage als Serienbrief. Lassen Sie den Lagerleiter Tim Gehlen unterschreiben.

Lernfeld 3

AUFGABE 14

Welche Faktoren berücksichtigen Sie in Bezug auf die Lieferantenauswahl?

_____

_____

_____

AUFGABE 15

Wie könnte die Tabelle für einen einfachen (qualitativen) Angebotsvergleich aussehen?

AUFGABE 16

Folgende Tabelle liegt Ihnen vor. Erstellen Sie eine Tabelle „Skalen Punktbewertung" für alle Kriterien.

Kriterien	Bewertungsstufen										
Qualität	Materialien	Polyester Trikot	Kunstleder/Polyester	Kunstleder/Polyester	Kunstleder/Polyester	Stoff (Mischgewebe)	Stoff (Mischgewebe)	Stoff (Mischgewebe)	Echtleder	Echtleder	Echtleder
	TÜV + KBA		x	x	x	x	x	x	x	x	x
	Art des Sitzbezugs	Schon	Schon	Passform	Passform	Schon	Passform	Passform	Schon	Passform	Passform
	Design				spez. Design			spez. Design			spez. Design
Punkte		1	2	3	4	5	6	7	8	9	10
Bezugspreis in €		über 500,00	450,00	400,00	350,00	300,00	250,00	200,00	150,00	100,00	unter 100,00
Punkte		1	2	3	4	5	6	7	8	9	10

Bewer-tung	Einzel-kriterien	Kriterien-bezeichnung	Produkt 1	Produkt 2	Produkt 3	Produkt 4	Produkt 5	Produkt 6	Produkt 7

1.3 Beschaffungsdurchführung

EINSTIEGSSITUATION

Die Auszubildenden Pascal Palm und Nora Braun sind für die Beschaffungsdurchführung zuständig. Im Vorfeld sollen sie sich mit dem Themenbereich auseinandersetzen und verschiedene Aufgaben lösen.

AUFGABE 1

Wie kommt der Kaufvertrag bei einer Bestellung zustande?

___

AUFGABE 2

Welche Formen für Bestellungen sind möglich? Für welche Form entscheiden Sie sich? Begründen Sie Ihre Wahl.

___

AUFGABE 3

Wann ist eine Auftragsbestätigung erforderlich?

___

Lernfeld 3

■ AUFGABE 4

Beschreiben Sie, wie angelieferte Ware korrekt angenommen wird, und begründen Sie Ihr Vorgehen.

_____
_____
_____
_____
_____

■ AUFGABE 5

Nennen Sie Störungen des Kaufvertrags und erläutern Sie diese.

_____
_____
_____
_____
_____
_____
_____

■ AUFGABE 6

Die bestellten Sitzbezüge sind eingetroffen. Nora Braun kontrolliert diese und stellt fest, dass bei fünf Sitzbezügen die Nähte nicht richtig verarbeitet sind und zum Teil bereits aufgehen. Um welchen Mangel handelt es sich? Was müssen Sie in solch einer Situation tun?

_____
_____
_____
_____

■ AUFGABE 7

Die Autohaus Köppel GmbH hat an den Kunden Herrn Kolz zwei Sitzbezüge geliefert. In der Rechnung vom 15.08. stand: zahlbar innerhalb 14 Tagen. Ab wann befindet sich Herr Kolz im Zahlungsverzug?

_____
_____

2 Die Lagerhaltung

LERNSITUATION 2

Das Lager der Autohaus Köppel GmbH soll umstrukturiert werden. Ein zusätzlicher Anbau, um die Lagerfläche zu vergrößern, ist angedacht. Der Lagerleiter, Tim Gehen, trifft sich mit Matti und Nora Köppel. In einem Protokoll werden die Ergebnisse der Besprechung festgehalten:

	Verlaufsprotokoll über die Sitzung vom 15.05.JJJJ
Teilnehmer	Frau Nora Köppel Herr Matti Köppel Herr Tim Gehlen
Entschuldigt	
Unentschuldigt	
Beginn	08:15 Uhr
Ende	09:30 Uhr
Tagesordnung	**TOP 1:** Umstrukturierung des Lagers und aktueller Stand der Baumaßnahme „Erweiterungsbau Lager" **TOP 2:** Einführung eines neuen EDV-Systems in diesem Zusammenhang
Protokolltext	Frau Köppel begrüßt die Anwesenden und informiert über den aktuellen Stand der Baumaßnahme „Erweiterungsbau Lager". Herr Gehlen teilt in diesem Zusammenhang mit, dass man sich Gedanken über die Lagerhaltung machen müsse. Auch die Aufgaben der Lagerhaltung sollte man sich dabei klar vor Augen führen (Sicherungsaufgabe, Überbrückungsaufgabe usw.). Ebenso sei für die warengerechte Lagerung zu sorgen. Ferner müsse man überlegen, wie das Lager in Zukunft organisiert werden soll. Matti Köppel führt an, dass es klare Bereiche für den Wareneingang, die Warenaufbewahrung und die Warenkontrolle gäbe, wie bereits im Vorfeld zwischen Herrn Gehlen, den Bauleitern und der Geschäftsführung der Autohaus Köppel GmbH besprochen worden sei. Frau Köppel weist darauf hin, dass natürlich auch die Wirtschaftlichkeit des Lagers eine große Rolle spiele und deswegen ein neues EDV-System eingeführt werden soll. Auch die Informationen aus den letzten 6 Jahren in Bezug auf die Lagerhaltung sollen in diesem System eingepflegt werden. Herr Gehlen erwidert, dass die Umsetzung dieses Wunsches einen großen Zeitaufwand verursacht – jedoch auch einen großen Nutzenfaktor für das Unternehmen darstelle. Frau Köppel gibt den Hinweis, dass sich die Auszubildenden der Autohaus Köppel GmbH bereit erklärt haben, diese Aufgabe zu übernehmen. Herr Gehlen begrüßt dies. Matti Köppel regt an, dass Herr Gehlen ein Konzept für das neue Lager erarbeiten und in der nächsten Sitzung vorlegen soll. Dieses soll u. a. Informationen zu folgenden Themen enthalten: • Lagerhaltung sowie Aufgaben dieser • Organisation des Lagers • Erreichen der Wirtschaftlichkeit des neuen Lagers Herr Gehlen stimmt zu und teilt mit, dass die Auszubildenden der Autohaus Köppel GmbH bei der Konzepterstellung mit einbezogen werden. Frau Köppel schließt die Sitzung und bedankt sich für das Engagement.

Lernfeld 3

	Verlaufsprotokoll-über-die-Sitzung-vom-15.05.JJJJ

Was wurde beschlossen/Ergebnis	• Einführung eines neuen EDV-Systems
	• Auszubildende der Autohaus Köppel GmbH sind für das Einpflegen der Daten aus den letzten 6 Jahren verantwortlich
	• Herr Gehlen erstellt ein Konzept für das neue Lager, welches folgende Inhalte enthalten soll:
	   – Lagerhaltung sowie Aufgaben dieser
	   – Organisation des Lagers
	   – Erreichen der Wirtschaftlichkeit des neuen Lagers

Datum, Unterschrift Protokollführer	15.05.JJJJ, *Matti Köppel*
Für die Richtigkeit (Datum, Unterschrift)	16.05.JJJJ, *Tim Gehlen*
Verteiler	Nora Köppel Matti Köppel Tim Gehlen Azubis Autohaus Köppel GmbH

ARBEITSAUFTRÄGE

1. Informieren Sie sich mithilfe des Schülerbuches über Ihren Themenbereich und nutzen Sie auch die Ihnen aus der Situation vorliegenden Angaben.
2. Notieren Sie wichtige Informationen stichpunktartig.
3. Erstellen Sie in Partnerarbeit ein Konzept für die Planung des Lagers bei der Autohaus Köppel GmbH, welches die nachfolgenden Punkte enthält:

    - Lagerhaltung sowie Aufgaben dieser
    - Organisation des Lagers
    - Erreichen der Wirtschaftlichkeit des neuen Lagers

4. Ziehen Sie für die Erstellung Ihres Konzepts auch Informationen aus Ihrem eigenen Unternehmen heran und führen Sie ggf. ein Interview mit Ihrem Lagerleiter. Nutzen Sie die Ergebnisse des Interviews ebenfalls für Ihr Konzept.
5. Bereiten Sie sich auf die Präsentation vor.
6. Stellen Sie in einer szenischen Darstellung (Herr und Frau Köppel, Herr Gehlen und Sie als Auszubildende) Ihr Konzept vor und begründen Sie die Inhalte.
7. Prüfen Sie die gemachten Vorschläge auf Vollständigkeit, Richtigkeit und Sinnhaftigkeit und machen Sie ggf. Änderungsvorschläge/Ergänzungen in Form von Feedback.
8. Überlegen Sie, wie Sie sich während der szenischen Darstellung gefühlt haben und was Sie in Zukunft vielleicht anders machen würden.
9. Nutzen Sie Ihr neu gewonnenes Wissen für die Zukunft und wenden Sie dieses an.

TIPP: Es können auch Auszubildende aus verschiedenen Gruppen Ihr Konzept präsentieren (also werden verschiedene Möglichkeiten in einer szenischen Darstellung erläutert), sodass eine rege Unterhaltung entsteht. Achten Sie dabei jedoch darauf, dass die Gespräche auf der Sachebene erfolgen und die gemachten Vorschläge begründet werden können.

Die Lagerhaltung

Wissen testen

■ AUFGABE

Der Füllungsgrad von einigen Flächen des Lagers der Autohaus Köppel GmbH soll ermittelt werden. Sie übernehmen diese Aufgabe.

Bereich	Verfügbare Lagerkapazität	Genutzte Lagerkapazität	Auslastungsgrad
A	27,0 m²	24,0 m²	89 %
B	34,0 m²	33,0 m²	97 %
C	14,5 m²	8,0 m²	55 %
D	72,0 m²	64,0 m²	89 %

2.1 Grundlagen der Lagerhaltung

EINSTIEGSSITUATION

Der Auszubildende Pascal Palm wechselt ins Lager. Dort muss er verschiedene Aufgaben erledigen. Lagerleiter Tim Gehlen unterstützt ihn dabei. Um das Wissen von Pascal Palm zu prüfen und zu festigen, stellt er dem Auszubildenden verschiedene Fragen, die zu beantworten sind.

■ AUFGABE 1

Was versteht man unter „Just-in-time-Versorgung"? Nennen Sie ein Beispiel.

_____
_____
_____
_____

■ AUFGABE 2

Welche Aufgaben hat die Lagerhaltung? Erläutern Sie diese.

Aufgabe	Erläuterung

Lernfeld 3

Aufgabe	Erläuterung

▰ AUFGABE 3

Welche Klassifizierungskriterien gibt es bei den Lagerarten? Erläutern Sie diese und nennen Sie jeweils Beispiele.

Klassifizierungskriterium	Erläuterung und Beispiele

▰ AUFGABE 4

Warum ist die warengerechte Lagerung wichtig? Erläutern Sie dies an einem konkreten Beispiel und zeigen Sie Folgen von nicht warengerechter Lagerung auf.

_____
_____
_____
_____

Die Lagerhaltung

_____
_____
_____
_____
_____
_____

2.2 Organisation eines Lagers

EINSTIEGSSITUATION

„Was ist bei der Organisation des Lagers zu berücksichtigen?", fragt Tim Gehlen die Auszubildende Nora Braun. Diese beantwortet die Frage und notiert sich wichtige Hinweise von Herrn Gehlen.

AUFGABE 1

Welche Schritte sind im Wareneingangsbereich zu erledigen? Ergänzen Sie folgendes Schaubild und beschreiben Sie die Schritte anschließend in unten stehender Tabelle.

Lernfeld 3

Wareneingangsbereich	
Arbeitsschritt	Beschreibung

Die Lagerhaltung

AUFGABE 2

Welche Schritte sind im Warenausgangsbereich zu erledigen? Ergänzen Sie folgendes Schaubild und beschreiben Sie die Schritte anschließend in unten stehender Tabelle.

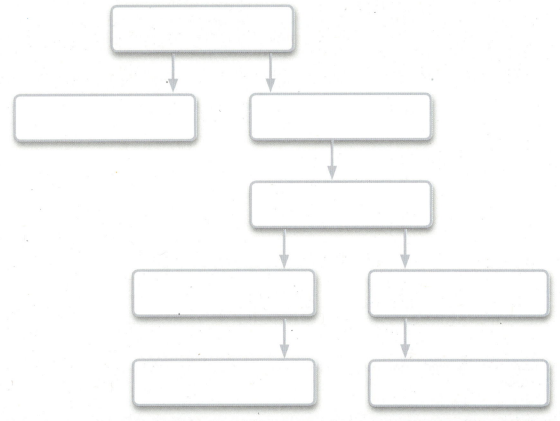

Warenausgangsbereich	
Arbeitsschritt	Beschreibung

Lernfeld 3

2.3 Wirtschaftlichkeit des Lagers

> **EINSTIEGSSITUATION**
>
> „Sag mal, wie stehen eigentlich die Kosten des Lagers in Zusammenhang mit der Wirtschaftlichkeit?", fragt Nora Braun ihren Mitauszubildenden Pascal Palm. „Das kann ich dir erklären. Ich habe dazu ein paar Aufgaben bearbeitet, die ich dir auch mal zum Üben geben kann", antwortet dieser.

AUFGABE 1

Wodurch entstehen Lagerkosten?

AUFGABE 2

Welche Kenngrößen der Bestandsentwicklung sind für die Steuerung des Lagerbestandes von besonderem Interesse? Erläutern Sie diese.

AUFGABE 3

Was versteht man unter Lagerbewegungskennzahlen?

AUFGABE 4

Für die Warengruppe „Filter und Schmierstoffe" hat der Lagerleiter Tim Gehlen eine durchschnittliche Lagerdauer von 20 Tagen ermittelt. Der Jahreszinssatz der Trierer Volksbank liegt zurzeit bei 2,5 %. Berechnen Sie den Lagerzinssatz.

AUFGABE 5

Für die Warengruppe „Reifen" hat Herr Gehlen einen durchschnittlichen Lagerbestand von 36 Reifen ermittelt. Pro Tag werden vier Reifen verkauft. Errechnen Sie die Lagerreichweite.

AUFGABE 6

Welche Bedeutung haben die Lagerkennzahlen?

_____
_____
_____
_____
_____

3 Der Absatz

> **LERNSITUATION 3**
>
> Für die Berufsschule sollen Informationen zum Thema „Der Absatz" übersichtlich zusammengestellt werden.
>
> **ARBEITSAUFTRÄGE**
>
> 1. Informieren Sie sich über Ihren Themenbereich mithilfe des Schülerbuches und des Internets.
> 2. Notieren Sie wichtige Informationen stichpunktartig und tauschen Sie sich mit Ihrem Nachbarn aus.
> 3. Überlegen Sie, wie Sie Ihre Informationen übersichtlich darstellen können.
> 4. Erstellen Sie ein Handout bzw. eine Präsentation mit einem von Ihnen gewählten Medium.
> 5. Bereiten Sie sich auf die Präsentation vor.
> 6. Präsentieren Sie Ihre Ergebnisse im Plenum.
> 7. Geben Sie sich gegenseitig ein Feedback und nutzen Sie Ihr neu gewonnenes Wissen für die Zukunft.

Lernfeld 3

3.1 Verbrauch und Verkauf

EINSTIEGSSITUATION

Nora Braun ist mit den Aufgaben für die Berufsschule fast fertig. Nur bei der nachfolgenden Frage ist sie unsicher. Der Lagerleiter Tim Gehlen hilft ihr bei der Antwort.

AUFGABE

Wodurch entsteht ein Verbrauch von Teilen und Zubehör?

_____
_____
_____
_____
_____

3.2 Allgemeine Geschäftsbedingungen

EINSTIEGSSITUATION

Der Auszubildende Pascal Palm soll sich mit den allgemeinen Geschäftsbedingungen (AGB) der Autohaus Köppel GmbH auseinandersetzen. Er notiert sich diese.

AUFGABE

Welche Inhalte haben die AGB im Allgemeinen? Nennen und erläutern Sie diese.

Inhalt	Erläuterung

Der Absatz

Inhalt	Erläuterung

Lernfeld 3

4 Der Zahlungsverkehr und der Wareneinkauf

LERNSITUATION 4

Die Autohaus Köppel GmbH will einen neu gestalteten Onlineshop eröffnen. Im Vorfeld ist zu klären, welche Zahlungsmöglichkeiten für diesen infrage kommen.

Da einige Kunden des Autohauses aus Amerika stammen und in Deutschland auf verschiedenen US-amerikanischen Stützpunkten stationiert sind, will Matti Köppel die Möglichkeit des Zahlens in US-Dollar anbieten.

Demzufolge muss auch die Möglichkeit der Währungsauswahl (US-Dollar und Euro) bestehen.

Fin Schneider und Nora Braun sollen sich mit diesem Themenbereich auseinandersetzen und Matti Köppel die verschiedenen Zahlungsmöglichkeiten in einem übersichtlichen Handout zusammenstellen. Außerdem sollen die beiden Auszubildenden die Besonderheiten bei der Bezahlung in ausländischen Währungen notieren.

ARBEITSAUFTRÄGE

1. Informieren Sie sich mithilfe des Schülerbuches und des Internets über Ihren Themenbereich.
2. Notieren Sie wichtige Informationen stichpunktartig.
3. Erstellen Sie das gewünschte Handout und gehen Sie in diesem sowohl auf die Vorteile als auch auf die Nachteile der einzelnen Zahlungsmöglichkeiten ein. Erläutern Sie außerdem, wie die Zahlung in Euro bzw. US-Dollar möglich ist und was dabei berücksichtigt werden muss. Veranschaulichen Sie Ihre Erläuterungen anhand eines konkreten Beispiels (z. B. Währungsrechnen).
4. Gestalten Sie Ihr Handout ansprechend.
5. Bereiten Sie sich auf die Präsentation vor.
6. Präsentieren Sie Ihre Ergebnisse und geben Sie sich gegenseitig ein Feedback.
7. Nehmen Sie ggf. Änderungen/Ergänzungen vor und nutzen Sie Ihr neu gewonnenes Wissen für die Zukunft.

Wissen testen

■ AUFGABE

Überprüfen Sie, welche rechtlichen Bestimmungen beim Führen einer Barkasse gelten. Notieren Sie diese und stellen Sie Ihre Ergebnisse im Plenum vor.

4.1 Zahlungsmittel

EINSTIEGSSITUATION

In der Berufsschule unterhalten sich die Auszubildenden über die verschiedenen Zahlungsmittel. Bis zur nächsten Schulstunde sollen sie herausfinden, welche Zahlungsmittel im Ausbildungsbetrieb akzeptiert werden.

Der Zahlungsverkehr und der Wareneinkauf

■ AUFGABE

Nennen Sie verschiedene Zahlungsmittel. Prüfen Sie, welche Zahlungsmittel in Ihrem Betrieb akzeptiert werden, und notieren Sie diese ebenfalls. Diskutieren Sie im Plenum über die Ergebnisse.

_____

_____

4.2 Zahlungsarten

> **EINSTIEGSSITUATION**
>
> Nachdem die Auszubildenden die Zahlungsmittel analysiert haben, beschäftigen sie sich nun mit den Zahlungsarten. Auch für diese sollen sie bis zur nächsten Schulstunde herausfinden, welche im Ausbildungsbetrieb akzeptiert werden.

■ AUFGABE

Nennen Sie die verschiedenen Zahlungsarten und erläutern Sie die Vor- bzw. Nachteile. Prüfen Sie, welche Zahlungsarten in Ihrem Betrieb akzeptiert werden und notieren Sie diese ebenfalls. Diskutieren Sie im Plenum über die Ergebnisse.

Zahlungsart	Vorteile	Nachteile

4.3 Der Wareneinkauf

> **EINSTIEGSSITUATION**
>
> Nora Braun muss verschiedene Arbeiten in der Buchhaltung erledigen. Sie ist unter anderem für den Bereich Wareneinkauf zuständig.

Lernfeld 3

AUFGABE

Buchen Sie folgenden Beleg und tragen Sie die Werte in die Tabelle ein.

Michaelis Import GmbH

Michaelis Import GmbH · Dr. Gottfried-Cremer Allee 77 b · 50226 Frechen

Autohaus Köppel GmbH
Diedenhofener Str. 6
54294 Trier

Geschäftsräume: Dr. Gottfried-Cremer Allee 77 b
50226 Frechen
Bankverbindung: Pax Bank eG
IBAN: DE03370601931505051501
BIC: GENODE1PAX

RECHNUNG-Nr.: 1496 / 998

Ihre Bestellung vom	Unser Zeichen	Kunden-Nr.	Lieferdatum	Rechnungsdatum
229 02.09.20..	ir-36	88443	03.09.20..	03.09.20..

Pos.	Artikel-Nr.	Artikelbezeichnung	Menge in Stück	Einzelpreis €	Gesamtpreis €
1	200478019	1 Satz Bremsbeläge	1	148,23	148,23

Warenwert	Verpackung	Fracht	Nettoentget	USt-%	USt-€	Bruttoentgelt
148,23 €	–	–	148,23 €	19	28,16	176,39 €

USt-IdNr.: DE129283981
Steuernummer: 96256/04932

Buchung

Sollbuchung	€-Betrag	an	Habenbuchung	€-Betrag

4.4 Währungsrechnen beim Wareneinkauf

EINSTIEGSSITUATION

Immer wieder kommt es vor, dass Rechnungen von dem Hersteller Cars Best in US-Dollar und Euro ausgewiesen sind. Die Rechnungen sollen nun von der Auszubildenden Nora Braun auf Richtigkeit geprüft werden.

Umweltschutz im Autohaus

■ **AUFGABE**

Ihnen liegen die nachfolgenden Rechnungsbeträge netto vor. Ermitteln Sie den aktuellen Kurs und berechnen Sie die jeweiligen € -Beträge.

a) Eingangsrechnung über 123,00 US-Dollar

_____
_____
_____

b) Eingangsrechnung über 1 027,00 Schweizer Franken

_____
_____
_____

c) Eingangsrechnung über 43,00 US-Dollar

_____
_____
_____

5 Umweltschutz im Autohaus

LERNSITUATION 5

Die Autohaus Köppel GmbH nimmt an dem alljährlichen Wettbewerb des Zentralverbands Deutsches Kraftfahrzeuggewerbe (ZDK) „Umweltfreundliches Autohaus" teil. Dazu muss ein Umweltkonzept entwickelt werden, welches dem ZDK vorzulegen ist. Findet das Konzept Zustimmung, erfolgt die Zulassung für den Wettbewerb. Das Konzeptthema in diesem Jahr lautet „Autohaus und Umwelt in Balance". Frau Köppel bittet die Auszubildenden zu einem Treffen.

Frau Köppel: „Guten Morgen zusammen. Sie wundern sich sicherlich, warum Sie heute zu einem Treffen eingeladen wurden. Es ist nichts vorgefallen – keine Angst. Ich möchte Sie heute vielmehr darüber informieren, dass wir wie jedes Jahr an dem Wettbewerb des ZDK „Umweltfreundliches Autohaus" teilnehmen. In diesem Jahr sind die Auszubildenden der Autohaus Köppel GmbH für das Erstellen des Konzeptpapiers verantwortlich."

Nora Braun: „Oh, Frau Köppel, das ist ja toll. Aber was sollen wir genau machen?"

Frau Köppel: „Berechtigte Frage, Frau Braun. Sie alle werden sich überlegen, was Ihnen zum Thema ‚Autohaus und Umwelt in Balance' einfällt. Vielleicht machen Sie einfach mal ein Brainstorming. Und aus den gefundenen Ideen erstellen Sie dann ein entsprechendes Konzeptpapier, welches wir dem ZDK vorlegen müssen.

Lernfeld 3

	Bitte gehen Sie in Ihrem Papier auch auf den Einsatz von EDV-Systemen in Zusammenhang mit dem Umweltschutz ein. Führen Sie an, welchen Nutzen bzw. welche Vorteile diese in Bezug auf die Umweltfreundlichkeit haben und wie wir mithilfe von verschiedenen Programmen, Speichermöglichkeiten usw. aktiv zum Umweltschutz beitragen können. Daran denken die anderen Autohäuser bestimmt nicht."
Pascal Palm:	„Ist gut, das machen wir. Und wie geht es dann weiter?"
Frau Köppel:	„Sobald das Konzeptpapier fertig ist, werden Sie mir dieses vorlegen. Wir reichen es dann beim ZDK ein und hoffen, dass Ihre Ideen Gefallen finden. Ist dies der Fall, werden wir für den Wettbewerb zugelassen. Als Preis gibt es wieder die ZDK-Umweltplakette und eine große Berichterstattung über unser Autohaus. Außerdem findet ein Treffen mit allen verantwortlichen Mitarbeitern der teilnehmenden Autohäuser statt, auf welchem man die Ideen austauschen und für den eigenen Betrieb nutzen kann. Das ist immer sehr interessant."
Nora Braun:	„Ja prima, dann legen wir gleich los."

ARBEITSAUFTRÄGE

1. Informieren Sie sich mithilfe des Schülerbuches und des Internets über Ihren Themenbereich.
2. Informieren Sie sich auch in Ihrem Ausbildungsbetrieb über den Umweltschutz und entsprechende Maßnahmen, die in diesem Zusammenhang Anwendung finden.
3. Führen Sie ein Brainstorming durch und notieren Sie wichtige Informationen stichpunktartig.
4. Erstellen Sie mithilfe dieser Informationen das Konzeptpapier und gestalten Sie das Dokument ansprechend. Gehen sie sowohl auf den Umweltschutz als auch auf geeignete EDV-Systeme und entsprechende EDV-gestützte Maßnahmen, die zum Umweltschutz beitragen, ein.
5. Entwickeln Sie ferner einen Slogan, der für die Autohaus Köppel GmbH während des Wettbewerbs eingesetzt werden kann.
6. Bereiten Sie sich auf die Präsentation vor.
7. Präsentieren Sie Ihre Ergebnisse und überzeugen Sie Frau Köppel in einer szenischen Darstellung von Ihrem Konzept.
8. Vergleichen Sie die vorgestellten Konzepte und geben Sie sich gegenseitig ein Feedback.
9. Ziehen Sie aus den Feedbacks Schlüsse für Ihr zukünftiges Handeln und nutzen Sie Ihr neu gewonnenes Wissen.
10. Stellen Sie Ihre Konzepte in Ihrem Ausbildungsbetrieb vor und besprechen Sie die Feedbackergebnisse in einer der nächsten Schulstunden im Plenum.

Zusatzmaterial

Brainstorming (nach Alex Osborn)

Unter einem Brainstorming versteht man, dass Gedanken zu einem bestimmten Themenbereich „wild" ausgesprochen und gesammelt werden (an der Tafel, auf einem Flipchart, auf Karten usw.). Ziel eines Brainstormings (auch Brainwriting genannt) ist es, neue Ideen zu finden und diese im Team auszutauschen. Dabei ist der Grundsatz zu berücksichtigen: SCHLECHTE IDEEN GIBT ES NICHT.

Folgende Regeln sind bei einem Brainstorming einzuhalten:

- Kritik findet später statt.
- „Ideengeber" aussprechen lassen
- „Freies Gedankenspiel" ist willkommen.
- Je ungezwungener Einfälle sind, umso besser ist dies.
- Die Menge macht's! Je mehr Vorschläge und Ideen vorhanden sind, umso besser werden die Ergebnisse später sein.
- Die Ideen müssen konkretisiert werden, damit sie für alle Teilnehmer nachvollziehbar sind. So ist es z. B. möglich, dass zwei Vorschläge zu einem Punkt sinnvoll verschmolzen werden können.

Umweltschutz im Autohaus

Wissen testen

AUFGABE

Prüfen Sie, welche Gefahrstoffe Ihr Unternehmen verwendet und wie diese gelagert werden. Stellen Sie Ihre Ergebnisse im Plenum vor und überlegen Sie, wie man die Verwendung bzw. den Einsatz der entsprechenden Gefahrstoffe reduzieren könnte.

5.1 Allgemeine Aspekte

> **EINSTIEGSSITUATION**
>
> „Der Umwelt zuliebe" lautet der neue Slogan der Autohaus Köppel GmbH. Die Auszubildenden sollen sich daher eingehend mit dem Themenbereich Umweltschutz im Autohaus auseinandersetzen. Frau Köppel hat eine Aufgabe für die Auszubildenden vorbereitet, die diese lösen sollen.

AUFGABE

Was versteht man unter „umweltorientierter Betriebsführung" und welchen Zweck hat diese?

_____
_____
_____
_____
_____
_____

5.2 Umweltschutz beim Einkauf

> **EINSTIEGSSITUATION**
>
> Auch zum Umweltschutz beim Einkauf sind verschiedene Aufgaben von den Auszubildenden zu lösen.

AUFGABE 1

Wie kann die Umwelt während des Einkaufsprozesses geschützt werden?

_____
_____
_____
_____
_____

Lernfeld 3

AUFGABE 2

Analysieren Sie, wie Ihr Unternehmen beim Wareneinkauf auf den Umweltschutz achtet, und diskutieren Sie darüber im Plenum.

_____
_____
_____
_____
_____
_____
_____
_____

5.3 Umweltschutz beim Transport

> **EINSTIEGSSITUATION**
>
> Der Auszubildende Carl Löffler fragt seine Mitauszubildende Nora Braun: „Man kann die Umwelt doch auch beim Transport schützen, oder?" Nora antwortet: „Ja, ich denke schon. Wir haben doch von Frau Köppel den Fragenkatalog bekommen. Ich denke, dass zu diesem Punkt auch Aufgaben zu lösen sind."

AUFGABE 1

Unterscheiden Sie zwischen normalem Gut und Gefahrgut.

_____
_____
_____
_____
_____
_____
_____
_____
_____
_____

Umweltschutz im Autohaus

AUFGABE 2

Welche Richtlinien, Verordnungen und Gesetze sind im Zusammenhang mit einer umweltgerechten Betriebsführung einzuhalten?

	Arbeitsschutzrecht	Verkehrsrecht	Chemikalienrecht	Wasserrecht
Gesetze				
Verordnungen				
Richtlinien				

5.4 Umweltschutz bei der Lagerung

EINSTIEGSSITUATION

„Wieso werden die Gefahrstoffe in unserem Lager denn an einem extra Standort aufbewahrt?", will Nora Braun von dem Lagerleiter Tim Gehlen wissen. Dieser antwortet: „Es gibt verschiedene Verordnungen für Gefahrstoffe, die bei der Lagerung einzuhalten sind. Bitte setze dich doch mit diesem Themenbereich auseinander."

AUFGABE 1

Was regelt die Verordnung zum Schutz vor Gefahrstoffen (Gefahrstoffverordnung – GefStoffV)?

_____
_____
_____
_____
_____
_____

Lernfeld 3

AUFGABE 2

Wofür stehen die nachfolgenden GHS-Symbole? Tragen Sie die Bedeutung unterhalb der Symbole ein.

_____ _____ _____ _____ _____

_____ _____ _____ _____

5.5 Umweltgerechte Entsorgung

EINSTIEGSSITUATION

Frau Köppel teilt den Auszubildenden in der monatlichen Auszubildendensitzung mit, dass sich der Slogan „Der Umwelt zuliebe" auch auf die umweltgerechte Entsorgung bezieht. Damit die Auszubildenden sensibilisiert werden, sollen sie diesbezüglich verschiedene Aufgaben lösen.

AUFGABE 1

Abfallvermeidung spielt eine Rolle – aber wie? Füllen Sie dazu die nachfolgende Tabelle aus.

Was?	Wie?	Beispiel
Verminderung des Verpackungsaufwands		

Umweltschutz im Autohaus

Was?	Wie?	Beispiel

AUFGABE 2

Was versteht man unter einer „sortenreinen Sammlung"? Nennen Sie Beispiele.

___

AUFGABE 3

Nennen Sie Beispiele für „gefährlichen Abfall" und wie dieser entsorgt werden muss.

___

Lernfeld 3

AUFGABE 4

Nennen Sie Rechtsverordnungen, die das Kreislaufwirtschaftsgesetz (KrWG) konkretisieren und vervollständigen.

_____

_____

_____

_____

_____

_____

_____

_____

6 EDV im Autohaus

LERNSITUATION 6

In der kommenden Woche werden zwei Schülerinnen aus einer Realschule in Trier ein Praktikum bei der Autohaus Köppel GmbH absolvieren.

Die Auszubildenden der Autohaus Köppel GmbH sollen für diese eine kleine Präsentation zum Thema „EDV im Autohaus" vorbereiten. Dabei soll auch die Wichtigkeit der „Vernetzung" von Autohäusern mit Herstellern usw. erläutert werden.

ARBEITSAUFTRÄGE

1. Informieren Sie sich über Ihren Themenbereich mithilfe des Schülerbuches, des Internets und von Interviews, die Sie mit Ihren Kolleginnen und Kollegen in Ihrem Ausbildungsbetrieb führen.
2. Notieren Sie wichtige Informationen stichpunktartig und tauschen Sie sich mit Ihren Mitschülern aus.
3. Überlegen Sie, wie Sie Ihre Informationen übersichtlich darstellen können und halten Sie auch die Informationen aus den Interviews sowie die zugehörigen Fragen in Ihrer Präsentation fest.
4. Bereiten Sie sich auf die Präsentation vor.
5. Präsentieren Sie Ihre Ergebnisse im Plenum.
6. Geben Sie sich gegenseitig ein Feedback und nutzen Sie Ihr neu gewonnenes Wissen für die Zukunft.

6.1 Grundlagen

EINSTIEGSSITUATION

In der Berufsschule nehmen die Auszubildenden gerade den Themenbereich „EDV im Autohaus" durch und müssen verschiedene Hausaufgaben erledigen.

EDV im Autohaus

AUFGABE 1

Was versteht man unter „Datenbanken" und welche Vorteile bieten diese?

_____
_____
_____
_____
_____
_____

AUFGABE 2

Welche Anforderungen muss ein Datenbankprogramm erfüllen und warum? Nennen Sie Beispiele.

Anforderung	Erläuterung	Beispiele

AUFGABE 3

Was versteht man unter „Datennetzen"?

_____
_____
_____
_____
_____
_____

Lernfeld 3

AUFGABE 4

Nennen Sie Dienste, die das Internet bietet, und erläutern Sie, welche von diesen Ihr Autohaus nutzt.

_____
_____
_____
_____
_____
_____
_____

6.2 Warenwirtschaftssysteme

> **EINSTIEGSSITUATION**
>
> Der Auszubildende Pascal Palm soll in das Warenwirtschaftssystem der Autohaus Köppel GmbH eingearbeitet werden. Um sein Wissen zu festigen und zu vertiefen, soll er verschiedene Aufgaben lösen.

AUFGABE 1

Was versteht man unter einem „Warenwirtschaftssystem" und welche Aufgabe erfüllt es?

_____
_____
_____
_____
_____
_____
_____
_____
_____

AUFGABE 2

Welche Folgen hat es, wenn die Angaben im Warenwirtschaftssystem nicht stimmen? Wie können Fehler festgestellt und behoben werden?

_____
_____

Lernfeld 4

Teile und Zubehör verkaufen

1 Das Sortiment

LERNSITUATION 1

Die Auszubildenden der Autohaus Köppel GmbH treffen sich zur monatlichen Azubi-Sitzung. Neue Produkte wurden in das Portfolio aufgenommen und Frau Köppel bittet die Auszubildenden, sich mit diesen und deren Vorzügen auseinanderzusetzen. Auch die anfallenden Arbeiten sollen in Zusammenhang mit den neuen Produkten erledigt werden. Jede/-r Auszubildende bekommt eine Produktübersicht, die ihr/ihm als Hilfe dienen soll.

Produktkategorie	Produkt	Beschreibung	Artikel-Nr.
Dachträger und Dachboxen	Dachbox XM3	Dachbox in Schwarz, 178 cm x 52 cm x 35 cm, 250 Liter)	1100
	Dachbox XM3	Dachbox in Silber, 178 cm x 52 cm x 35 cm, 250 Liter)	1101
	Dachbox XM3	Dachbox in Neongrün, 178 cm x 52 cm x 35 cm, 250 Liter)	1102
	Universalgrundträger	ein Satz Grundträger	1103
Lifestyle-Artikel	KidsBike	Laufrad speziell für Kinder im Alter zwischen 3 und 6 Jahren, gefertigt aus massivem Birkenholz, passend zur Corporate Identity der Autohaus Köppel GmbH lackiert; das Highlight für die kleinen Rennfahrer von morgen	2200
	Trinkflasche KidsCup	100 % wasserdichte Trinkflasche aus Aluminium für 1 Liter Flüssigkeit, mit Logo der Autohaus Köppel GmbH versehen und einem coolen Fahrzeug	2201
	Federmäppchen	Federmäppchen mit Doppelzip-Reißverschluss – für autointeressierte Kids mit tollem Werkzeug-All-over-Print, 100 % Polyester, Maße (B, H, T): 22 cm x 10 cm x 8 cm	2202
	Lego-Technic Spiders Best Cabrio	Detailgetreues Legomodell des Spiders Best Cabrio	2203
Pflegeprodukte	Pflegeset „Rein und klar"	• Innenraumreiniger (250 ml) • Innenraumtuch (Mikrofaser) • Eiskratzer 15 x 15 cm – Silber • Scheibenenteiser in der praktischen Sprühflasche (500 ml) • Frostfrei-Scheibenklar (500 ml) Alle Produkte des Sets sind in einer praktischen Tasche erhältlich, damit die verschiedenen Artikel nicht lose im Fahrzeug liegen.	3300
	Lederpflegeset	• Lederseife (100 ml) im Tiegel • Lederlotion (mit UV-Schutz) 300 ml • 2 Reinigungstücher • 2 Reinigungsschwämme	3301

Lernfeld 4

ARBEITSAUFTRÄGE

1. Informieren Sie sich mithilfe des Schülerbuches über Ihren Themenbereich.
2. Notieren Sie sich wichtige Informationen stichpunktartig.
3. Überlegen Sie, um welche Maßnahme es sich handelt, wenn neue Produkte ins Portfolio aufgenommen werden und notieren Sie, warum dies notwendig sein kann bzw. ein Unternehmen sich für eine solche Maßnahme entscheidet.
4. Analysieren Sie die vorliegenden Produkte und überlegen Sie, welche Arbeiten in Zusammenhang mit den neuen Produkten zu erledigen sind.
5. Prüfen Sie, ob alle Produkte korrekt im Warenwirtschaftssystem erfasst sind, und nehmen Sie ggf. Änderungen/Ergänzungen vor (Zusatzmaterial).
6. Präsentieren Sie Ihre Ergebnisse und vergleichen Sie diese im Plenum.
7. Nehmen Sie ggf. Änderungen/Ergänzungen vor und nutzen Sie Ihr neu gewonnenes Wissen für die Zukunft.

Zusatzmaterial – Auszug aus dem Warenwirtschaftssystem der Autohaus Köppel GmbH

Bezeichnung	Artikel-Nr.	Anzahl am Lager	Preis netto EK	Preis netto VK
Dachträger und Dachboxen				
Spacer Dachträger	1000	18	122,00 €	250,00 €
Greenwich Dachträger	1001	12	100,00 €	210,00 €
Dachbox XM3 – Schwarz	1100	22	108,00 €	220,00 €
Dachbox XM 3 – Neongrün	1102	30	108,00 €	220,00 €
		12	108,00 €	220,00 €
Universalgrundträger	1103	15	89,00 €	199,00 €
Navigationssysteme				
…				
Lifestyle-Artikel				
Poloshirt Herren – Größe S – Azurblau	2000	30	22,00 €	59,00 €
Poloshirt Herren – Größe M – Azurblau	2001	21	22,00 €	59,00 €
Poloshirt Herren – Größe L – Azurblau	2002	1	22,00 €	59,00 €
Sweatjacke Herren – Größe S – Neongrün	2003	11	41,00 €	85,00 €
Sweatjacke Herren – Größe M – Neongrün	2004	21	41,00 €	85,00 €
Sweatjacke Herren – Größe L – Neongrün	2005	4	41,00 €	85,00 €
Pflegeprodukte				
Pflegeset „Rein und klar"	3300	51	16,00 €	35,00 €
Lederpflegeset	3301	32	12,00 €	30,00 €
Tuningteile für besondere Ansprüche				
…				

Das Sortiment

Bezeichnung	Artikel-Nr.	Anzahl am Lager	Preis netto EK	Preis netto VK
Fahrzeugzubehör für jede Jahreszeit				
Fahrradträger – für Anhängerkupplung – RacingTeam	5000	4	256,00 €	559,00 €
Gepäckraumformmatte – rutschhemmende Matte – universell einsetzbar	5001	22	21,00 €	69,00 €
Ersatzteile für Oldtimer				
…				

Wissen testen

AUFGABE 1

Frau Köppel möchte gern einen Mietservice für Dachboxen anbieten. Überlegen Sie, ob dieser Service sinnvoll ist und welche Arbeiten in diesem Zusammenhang erledigt werden müssen.

AUFGABE 2

Analysieren Sie Renner und Penner in Ihrem Unternehmen und überlegen Sie, wie Sie die Penner attraktiver für die Kunden machen können. Sprechen Sie auch mit Ihren Kollegen/Vorgesetzten darüber und setzen Sie Ihre Ideen (wenn möglich) in Ihrem Unternehmen um.

AUFGABE 3

Ist es sinnvoll, Tuningteile von namhaften Tuningpartnern anzubieten? Was könnte Kunden zu einer Kaufentscheidung bewegen? Notieren Sie Ihre Ergebnisse und besprechen Sie diese im Plenum.

1.1 Sortimentsaufbau und Sortimentsbegriffe

EINSTIEGSSITUATION

Das Sortiment des Autohauses Köppel umfasst folgende Bereiche:

- Neuwagen, Gebrauchtwagen
- Zubehör, Wagenpflege
- Karosseriebau, Lackiererei
- Ersatz- und Verschleißteile

Bearbeiten Sie in diesem Zusammenhang die folgenden Aufgaben.

AUFGABE 1

Definieren Sie den Begriff „Sortiment".

_____
_____
_____

Lernfeld 4

AUFGABE 2

Stellen Sie am Beispiel Ihres Autohauses die Gliederung des Sortiments dar.

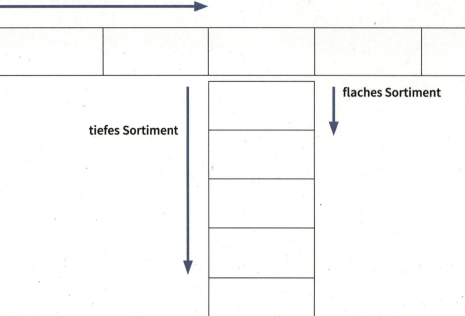

AUFGABE 3

Erläutern Sie die folgenden Begriffe:

- breites Sortiment:

  _____
  _____
  _____

- schmales Sortiment:

  _____
  _____
  _____

- tiefes Sortiment:

  _____
  _____
  _____

Das Sortiment

- flaches Sortiment:
  _____
  _____

1.2 Sortimentspolitik

> **EINSTIEGSSITUATION**
>
> Im Rahmen der Sortimentspolitik trifft das Autohaus Maßnahmen zur Gestaltung und Veränderung des Sortiments, um den Wünschen und Vorstellungen der Kunden zu entsprechen. Ihre Aufgabe ist es dabei mitzuwirken und Vorschläge zu unterbreiten.

■ AUFGABE 1

Was versteht man unter dem Begriff „Sortimentspolitik"?

_____
_____
_____
_____

■ AUFGABE 2

Worauf bezieht sich die Sortimentsplanung?

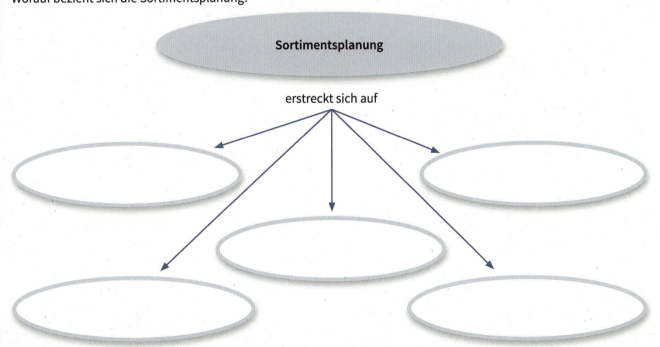

Lernfeld 4

AUFGABE 3

Nennen Sie drei Maßnahmen der Sortimentspolitik und erläutern Sie diese jeweils kurz.

Maßnahme der Sortimentspolitik			
Erläuterung			

2 Produktplatzierung und -präsentation

LERNSITUATION 2

Nachdem Sie sich mit den neuen Produkten auseinandergesetzt haben, geht es nun um die richtige Präsentation der Waren. Auch auf den neuen „Mietservice für Dachboxen" soll ausreichend hingewiesen werden. Frau Köppel erwartet bis zum Ende der Woche ein ausgearbeitetes Konzept.

ARBEITSAUFTRÄGE

1. Informieren Sie sich über Ihren Themenbereich mithilfe des Schülerbuches.
2. Notieren Sie sich wichtige Informationen stichpunktartig und tauschen Sie sich mit Ihrem Partner aus.
3. Erstellen Sie ein Konzept, wo Sie die neuen Produkte im Verkaufsraum platzieren. Nutzen Sie als Hilfe ggf. den Grundriss des Verkaufsraums in Ihrem Ausbildungsbetrieb und skizzieren Sie diesen.
4. Entwerfen Sie ein ansprechendes Plakat, welches alle wichtigen Informationen zum neuen Mietservice der Dachboxen „XM3" enthält. Verwenden Sie dazu ggf. auch Informationen aus Ihrem Autohaus bzw. aus vorherigen Lernsituationen.
5. Setzen Sie des Weiteren einen realistischen Mietpreis pro Tag und/oder Woche fest, der auf Ihrem Plakat abgebildet wird.
6. Bereiten Sie sich auf die Präsentation vor.
7. Präsentieren Sie Ihre Ergebnisse.
8. Geben Sie sich gegenseitig ein Feedback und prüfen Sie die Ergebnisse auf Vollständigkeit und Richtigkeit.
9. Nehmen Sie ggf. Änderungen/Ergänzungen vor und nutzen Sie Ihr neu gewonnenes Wissen für die Zukunft.

Wissen testen

AUFGABE 1

Welche verkaufsstarken Zonen gibt es und welche Folgen haben diese für die Produktplatzierung? Notieren Sie Ihre Antworten und besprechen Sie Ihre Ergebnisse im Plenum.

Produktplatzierung und -präsentation

AUFGABE 2

Unterscheiden Sie die vier verschiedenen „Regal-Zonen" in Bezug auf Höhe und Wertigkeit und notieren Sie jeweils ein Produktbeispiel.

2.1 Produktpräsentation im Autohaus

> **EINSTIEGSSITUATION**
>
> Im Zubehörshop des Autohauses Köppel sind neue Produkte eingetroffen.
> Die Auszubildenden Carl Löffler und Marie Braun werden mit der Bestückung der Verkaufsregale beauftragt. Sie sollen die Produkte so präsentieren, dass diese eine möglichst große Aufmerksamkeit genießen und die Kunden auch emotional ansprechen. Vorab beschäftigen sich die beiden mit den folgenden Aufgaben.

AUFGABE 1

Wozu dient eine wirkungsvolle Produktpräsentation?

_____
_____
_____
_____
_____
_____

AUFGABE 2

Die Produktpräsentation wird beeinflusst durch folgende Faktoren:

| das Produkt | betriebliche Gegebenheiten | rationale und oder emotionale Aspekte |

Erläutern Sie dies an jeweils zwei Beispielen.

Lernfeld 4

AUFGABE 3

Zeigen Sie mithilfe der folgenden Tabelle, wie durch sinnvolle Regalplatzierung im Teile- und Zubehörshop der Umsatz gesteigert werden kann.

Regalzone	Höhe	Wertigkeit
Reckzone	_____	_____ _____ Produkte: _____ _____
Sichtzone	_____	_____ _____ Produkte: _____ _____
Griffzone	_____	_____ _____ Produkte: _____ _____
Bückzone	_____	_____ _____ Produkte: _____ _____

2.2 Präsentation von Neuwagen in Schauräumen

EINSTIEGSSITUATION

Nora Braun soll den Verkaufsraum der Autohaus Köppel GmbH analysieren und ihre Erkenntnisse schriftlich festhalten.

AUFGABE

Analysieren Sie Ihren Verkaufsraum im Autohaus und sprechen Sie mit Ihren Vorgesetzten über die Ausstattung und die Anordnung der Fahrzeuge. Stellen Sie Ihre Ergebnisse im Plenum vor und diskutieren Sie die Ergebnisse.

_____
_____
_____
_____
_____
_____
_____
_____
_____
_____

2.3 Visual Merchandising

EINSTIEGSSITUATION

„Was ist Visual Merchandising?" Diese Frage gibt Frau Köppel an die Auszubildenden weiter.

AUFGABE

Was versteht man unter Visual Merchandising und was soll dieses bewirken?

_____
_____
_____
_____
_____
_____
_____

Lernfeld 4

3 Kundenerwartungen

LERNSITUATION 3

Bei der Autohaus Köppel GmbH fand vor einiger Zeit ein Kundenforum statt. Während dieses Forums konnten die Kunden ihre Erwartungen an das Autohaus, die Mitarbeiter und den Service äußern.

Unter anderem wurden folgende Angaben gemacht:

- freundlicher Service
- unübersichtliche Warenpräsentation
- lange Telefonwartezeiten
- Fahrzeuge im Ausstellungsbereich waren dreckig
- kompetente Verkäufer
- ordentlich gekleidete Mitarbeiter
- Rückrufe sind spät erfolgt
- es ist nicht klar, welche Zubehörteile konkret zur Verfügung stehen
- …

Die Auszubildenden Nora Braun und Pascal Palm haben folgende Notiz auf ihrem Arbeitsplatz:

> Liebe Frau Braun,
> lieber Herr Palm,
>
> anbei erhalten Sie die Auswertung der Kundenbefragung. Aufgrund der Ergebnisse soll ein „Workshop-Tag" zum Oberthema „Kundenerwartungen erfüllen und richtig mit Kunden kommunizieren" stattfinden. Bitte erstellen Sie als Einstieg für diesen Tag eine PowerPoint-Präsentation mit dem Titel „Kundenerwartungen erfüllen" und legen Sie mir diese zur Ansicht vor.
>
> Vielen Dank

ARBEITSAUFTRÄGE

1. Informieren Sie sich über den Themenbereich „Kundenerwartungen" mithilfe des Schülerbuches.
2. Notieren Sie wichtige Informationen stichpunktartig.
3. Erstellen Sie mithilfe Ihrer Notizen eine PowerPoint-Präsentation und gestalten Sie diese ansprechend (Bilder, Grafiken etc.).
4. Achten Sie darauf, dass Ihre Präsentation eine Einstiegsfolie, ein Inhaltsverzeichnis sowie eine Schlussfolie enthält.
5. Berücksichtigen Sie auch das Corporate Design (ggf. mit Masterfunktion in PowerPoint arbeiten).
6. Bereiten Sie sich auf die Präsentation vor.
7. Präsentieren Sie Ihre Ergebnisse und üben Sie konstruktive Kritik.
8. Nehmen Sie ggf. Änderungen/Ergänzungen vor und nutzen Sie Ihr neu gewonnenes Wissen für die Zukunft.

Wissen testen

AUFGABE

Entwickeln Sie einen Muster-Kriterienkatalog für den Umgang mit Kunden. Stellen Sie Ihre Ergebnisse im Plenum vor und besprechen Sie diese.

Kundenerwartungen

3.1 Kundenerwartungen an die Automobilkauffrau/den Automobilkaufmann

EINSTIEGSSITUATION

In der letzten Woche fand im Autohaus Köppel ein Kundenforum statt unter dem Motto: „Entsprechen wir den Erwartungen unserer Kunden?"
Das Autohaus wollte u. a. die Wünsche, Vorstellungen und Erwartungen der Kunden an das Sortiment, die Produktpräsentation, den Service und an die Mitarbeiter kennenlernen. Bearbeiten Sie in Hinblick auf die Ergebnisse die folgende Aufgabe.

AUFGABE

Welche Erwartungen haben die Kunden an den Automobilverkäufer?

_____
_____
_____
_____
_____

3.2 Erwartungen an das Autohaus und seine Produkte

EINSTIEGSSITUATION

Auch im Hinblick auf das Autohaus und seine Produkte haben die Kunden ihre Wünsche im persönlichen Gespräch geäußert. Sie sollen diese zusammenfassen.

AUFGABE

Fassen Sie die Erwartungen des Kunden an das Autohaus und dessen Produkte zusammen.

a) Das Sortiment

_____
_____
_____
_____

b) Die Produktpräsentation

_____
_____
_____
_____
_____

Lernfeld 4

c) Der Service

_____
_____
_____
_____

4 Verbale und nonverbale Kommunikation

LERNSITUATION 4

Die PowerPoint-Präsentation für den Workshop ist vorbereitet und Frau Köppel ist sehr zufrieden. Nun geht es an die Planung der Workshop-Inhalte. Diese Aufgabe soll ebenfalls von Frau Braun und Herrn Palm übernommen werden.
Damit die Auszubildenden wissen, welche Aufgaben zu erledigen sind, ruft Frau Köppel bei Frau Braun an.

Frau Köppel: „Guten Morgen Frau Braun."

Nora Braun: „Hallo Frau Köppel."

Frau Köppel: „Frau Braun, Sie sollen ja die Unterlagen für den Workshop vorbereiten. Ich habe mir überlegt, dass Sie zu jedem Workshop-Thema ein kleines Handout erstellen. Ich dachte mir, dass ein nettes Bild als Einstieg in das jeweilige Thema gut wäre. Dadurch können die Teilnehmer sensibilisiert werden. Könnten Sie entsprechende Bilder suchen und mir diese vorlegen? Bitte erstellen Sie auch die Handouts. Die Themen für den Workshop sende ich Ihnen per Mail zu. Auch einen interessanten Zeitungsartikel hänge ich an. Herr Palm soll Sie unterstützen."

Nora Braun: „Okay, Frau Köppel, danke für die Informationen. Wenn wir Fragen haben, melden wir uns."

Frau Köppel: „Ja natürlich, machen Sie das. Vielen Dank schon mal an Sie und Herrn Palm."

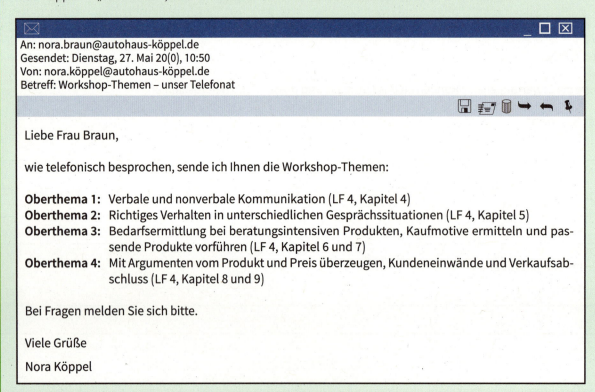

An: nora.braun@autohaus-köppel.de
Gesendet: Dienstag, 27. Mai 20(0), 10:50
Von: nora.köppel@autohaus-köppel.de
Betreff: Workshop-Themen – unser Telefonat

Liebe Frau Braun,

wie telefonisch besprochen, sende ich Ihnen die Workshop-Themen:

Oberthema 1: Verbale und nonverbale Kommunikation (LF 4, Kapitel 4)
Oberthema 2: Richtiges Verhalten in unterschiedlichen Gesprächssituationen (LF 4, Kapitel 5)
Oberthema 3: Bedarfsermittlung bei beratungsintensiven Produkten, Kaufmotive ermitteln und passende Produkte vorführen (LF 4, Kapitel 6 und 7)
Oberthema 4: Mit Argumenten vom Produkt und Preis überzeugen, Kundeneinwände und Verkaufsabschluss (LF 4, Kapitel 8 und 9)

Bei Fragen melden Sie sich bitte.

Viele Grüße

Nora Köppel

E-Mail-Anhang:

Umgang mit Kunden

Kundenberatung – aber wie?

Um Kunden fachgerecht beraten zu können, sind einige Regeln zu berücksichtigen. Dabei spielt es keine Rolle, ob Ihnen der Kunde gegenübersteht oder ob dieser ein Telefongespräch mit Ihnen führt.

- Begrüßen Sie den Kunden und stellen Sie sich mit Ihrem Namen vor.
- Seien Sie immer freundlich und höflich und sprechen Sie in einer angemessenen Lautstärke.
- Achten Sie auf Ihre Sprache und Ihre Wortwahl. Diese muss dem Kunden angemessen sein.
- Achten Sie auf Redepausen während des Sprechens, damit der Kunde Ihnen folgen kann.
- Gehen Sie auf den Kunden und seine Wünsche ein.
- Lassen Sie zu, dass der Kunde Fragen stellen kann und beantworten Sie diese.
- Hören Sie Ihrem Kunden „aktiv" zu und lassen Sie diesen stets zu Wort kommen.
- Ihre Fachkompetenz muss stets aktuell sein. Informationen zu den neuesten Produkten, dem Warenangebot usw. müssen Sie immer parat haben.
- Achten Sie darauf, dass die **Distanzzonen** eingehalten werden.

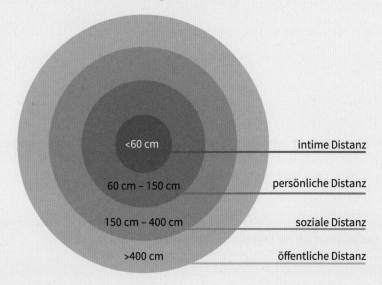

Konflikte und Ursachen während Gesprächen

Bei einigen Gesprächen ist es möglich, dass sich aus diesen Konflikte entwickeln. Um dies zu vermeiden, ist auf das richtige Gesprächsverhalten zu achten. Damit Konflikte umgangen werden können, müssen die Ursachen für diese im Vorfeld bekannt sein.

Wodurch entstehen Konflikte?

Kommunikation auf der falschen „Ebene". Der Sender sendet beispielsweise auf der Sachebene, der Empfänger hört die Aussage jedoch auf der Beziehungsebene. Wäre dies der Fall, muss der Sender sofort auf die Reaktion seines Gegenübers reagieren und den Inhalt des Gesprächs möglichst schnell zurück auf die Sachebene lenken.

Gesprächsregeln für die Vermeidung von Konflikten

- Seien Sie kein „Besserwisser".
- Achten Sie darauf, dass sich Ihr Gegenüber während eines Gesprächs immer äußern kann. Redepausen sind daher notwendig.
- Achten Sie auf Ihren Tonfall – Sie sollten nicht aggressiv während eines Gesprächs wirken und Ihre Emotionen „im Zaum halten".

Ist es doch einmal zu einem Konflikt gekommen, lassen Sie diesen bitte nicht zu nahe an sich rankommen. Häufig liegt die Ursache des Konflikts nicht in Ihrer Person, sondern es ging während der Gesprächsführung lediglich um die „Sache selbst".

Lernfeld 4

ARBEITSAUFTRÄGE

1. Bilden Sie Teams (zwei Schüler je Team).
2. Teilen Sie die o. a. Themen unter den Teams auf.
3. Informieren Sie sich über Ihren jeweiligen Themenbereich und nutzen Sie das Schülerbuch.
4. Verwenden Sie auch die Informationen aus dem Zeitungsartikel „Umgang mit Kunden".
5. Halten Sie wichtige Informationen stichpunktartig fest.
6. Suchen Sie die geforderten Bilder, die als Einstieg in den Workshop dienen sollen. Achten Sie darauf, dass die Bilder zu Ihrem Themenbereich passen.
7. Erstellen Sie mithilfe Ihrer Informationen ein übersichtliches Handout und gestalten Sie dieses ansprechend.
8. Bereiten Sie sich auf die Präsentation vor.
9. Übergeben Sie Frau Köppel im Rahmen einer szenischen Darstellung die Bilder und stellen Sie die Inhalte aus Ihrem Handout vor. Gehen Sie dabei sowohl auf den Inhalt als auch auf die Vorgehensweise beim Erstellen der Handouts in Word ein.
10. Begründen Sie Ihre Bildauswahl.
11. Üben Sie konstruktive Kritik.
12. Überlegen Sie, wie Sie sich während der Teamarbeit sowie während der szenischen Darstellung gefühlt haben, und nutzen Sie Ihre Erkenntnisse für die Zukunft.
13. Wenden Sie Ihr neu gewonnenes Wissen in der Praxis an.

Wissen testen

AUFGABE 1

Entwickeln Sie einen Leitfaden, aus dem hervorgeht, wie man sich während Gesprächen verhält.

AUFGABE 2

Sammeln Sie umweltbezogene Verkaufsargumente für ein Produkt Ihrer Wahl und führen Sie ein Verkaufsgespräch (szenische Darstellung). Besprechen Sie die Ergebnisse im Plenum.

4.1 Die Sprache

EINSTIEGSSITUATION

Ein Kunde betrachtet im Zubehörshop des Autohauses Köppel seit einiger Zeit Navigationsgeräte. Yvonne Ehli geht auf den Kunden zu.
Frau Ehli: „Suchen Sie etwas Bestimmtes?"
Kunde: „Ich möchte meinem Sohn zum Geburtstag ein Navigationsgerät für seinen Gebrauchtwagen schenken."
Frau Ehli: „Nehmen Sie doch unser RMX 500 Y, das kostet allerdings 899,00 €."
Wie wird sich Frau Ehlis Aussage wohl auf den Kunden auswirken? Bearbeiten Sie in diesem Zusammenhang die folgenden Aufgaben.

AUFGABE 1

Welche Vorteile bringt eine kundenorientierte Sprache?

_____
_____
_____

Verbale und nonverbale Kommunikation

AUFGABE 2

Wir verwenden „Gesprächsförderer", das sind Aussagen/Verhaltensweisen, die das Verkaufsgespräch weiterbringen, und vermeiden „Gesprächsstörer", die das Verkaufsgespräch stören.

Ordnen Sie die folgenden Begriffe in die Tabelle ein:
Killerphrasen, Nachfragen, Befehle, Überreden, Zustimmen, Zuhören, Vorwürfe machen, Denkanstöße geben, Verständnis/Interesse zeigen, Kundenerwartungen dämpfen.

Gesprächsförderer	
Gesprächsstörer	

AUFGABE 3

Formulieren Sie jeweils zwei Beispiele zu den Begriffen in der folgenden Tabelle.

Killerphrasen	Zustimmen

Befehle	Nachfragen

Überreden	Denkanstöße geben

Vorwürfe machen	Zuhören

Kundenerwartungen dämpfen	Verständnis/Interesse zeigen

Lernfeld 4

AUFGABE 4

Mit einer kundenorientierten Sprache beeinflussen wir die Gesprächsatmosphäre positiv. Zeigen Sie dies anhand der folgenden Beispiele.

Wir sprechen im **Sie-Stil**

statt „ich" und „wir" → besser: „Sie"

Beispiele:
_____
_____
_____

Beispiele:
_____
_____
_____

Wir wenden **Vorteilsformulierungen** an.

Beispiele:
_____
_____
_____

Wir **formulieren positiv**.

negative Formulierung → positive Formulierung

Beispiele:
_____
_____
_____
_____

Beispiele:
_____
_____
_____
_____

Unsere Aussagen werden **leichter verständlich** durch:
_____
_____

4.2 Körpersprache

> **EINSTIEGSSITUATION**
>
> Nora nimmt an dem Seminar „Körpersprache – Ausdruck deiner Persönlichkeit" teil. Ihre Erkenntnisse sollen schriftlich festgehalten werden. Sie übernehmen diese Aufgabe.

AUFGABE 1

Nehmen Sie Stellung zu der Aussage: „Richtige Körpersprache – ein gutes Gefühl".

___

AUFGABE 2

Warum ist es wichtig, die Körpersprache des Gegenübers richtig zu deuten?

___

5 Richtiges Verhalten in unterschiedlichen Gesprächssituationen

5.1 Frageformen

> **EINSTIEGSSITUATION**
>
> Die Verkaufsberater und Verkaufsberaterinnen des Autohauses Köppel finden an ihrem Arbeitsplatz einen Zeitungsartikel vor mit der Überschrift „Fragen Sie richtig, sonst verlieren Sie Ihren Kunden". Daran haftet eine Notiz von Frau Köppel mit der Aufforderung, sich mit den Themenbereichen „Frageformen und situationsgerechte Kontaktaufnahme" auseinanderzusetzen.

AUFGABE 1

Welche Vorteile sind mit der richtigen Anwendung von Fragen verbunden?

___

Lernfeld 4

AUFGABE 2

Erläutern Sie kurz, welche Absichten hinter den folgenden Frageformen stecken. Formulieren Sie zu jeder Frageform ein typisches Beispiel.

Frageform			
offene Frage	geschlossene Frage	Suggestivfrage	Alternativfrage
Beispiel:	Beispiel:	Beispiel:	Beispiel:

AUFGABE 3

Formulieren Sie zu folgenden Kundenaussagen die entsprechenden Fragen:

a) „Ich brauche neue Winterreifen."

_____

b) „Mit dem neuen Navigationsgerät komme ich nicht zurecht."

_____

c) „Mir gefallen beide Kindersitze."

_____

5.2 Situationsgerechte Kontaktaufnahme

> **EINSTIEGSSITUATION**
>
> Eine Kundin sieht sich seit einiger Zeit im Schauraum die neuesten Pkw-Modelle an.
> Die Verkaufsberaterin Annika Fink überlegt, wie sie die Kundin am besten ansprechen kann.

Bedarfsermittlung bei beratungsintensiven Produkten

AUFGABE 1

Welche Vorteile hat eine gelungene Kontaktaufnahme?

_____
_____
_____

AUFGABE 2

Zeigen Sie anhand von Beispielen, wie Sie Kunden situationsgerecht ansprechen können.

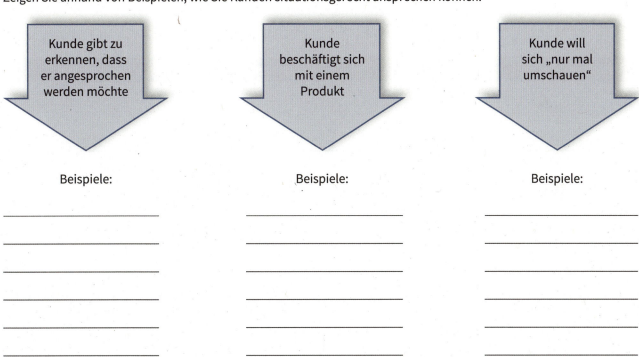

Kunde gibt zu erkennen, dass er angesprochen werden möchte	Kunde beschäftigt sich mit einem Produkt	Kunde will sich „nur mal umschauen"
Beispiele:	Beispiele:	Beispiele:

6 Bedarfsermittlung bei beratungsintensiven Produkten

6.1 Vertrauensauslöser verwenden

EINSTIEGSSITUATION

Eine Kundin mittleren Alters sieht sich auf dem Freigelände des Autohauses Köppel gebrauchte Mittelklassewagen an und blickt immer wieder Hilfe suchend nach einem Verkaufsberater.
Antonio Giglione, Verkaufsberater für Gebrauchtwagen, geht auf die Kundin zu.
Herr Giglione: „Hallo, wie kann ich Ihnen helfen?"
Kundin: „Ich suche einen Gebrauchtwagen."
Herr Giglione: „Wollen Sie eine bestimmte Marke?"
Kundin: „Nein!"
Herr Giglione: „Soll es ein Diesel oder ein Benziner sein?"
Kundin: „Ich weiß nicht so recht."
Herr Giglione: „Schauen Sie sich doch einfach einmal um, vielleicht finden Sie einen passenden Wagen."

Lernfeld 4

■ AUFGABE 1

Woran können wir erkennen, dass ein Kunde Beratung wünscht? Nennen Sie typische Signale.

_____
_____
_____
_____

■ AUFGABE 2

Vertrauensauslöser schaffen eine angenehme, verkaufsfördernde Gesprächsatmosphäre.
Welche Aussagen dämpfen die Kauflust? Formulieren Sie jeweils zwei Beispiele.

Vertrauensauslöser	Aussagen, die Kundenerwartungen dämpfen

6.2 Direkte Bedarfsermittlung

> **EINSTIEGSSITUATION**
>
> Die Auszubildende, Nora Braun, schaut Herrn Giglione bei einem Kundengespräch über die Schulter. Im Anschluss daran fragt dieser die Auszubildende: Welche Form der Bedarfsermittlung habe ich gewählt? Sie helfen Frau Braun diese Frage zu beantworten.

■ AUFGABE

Wie gehen Sie bei der direkten Bedarfsermittlung vor?

_____
_____
_____
_____

6.3 Indirekte Bedarfsermittlung

> **EINSTIEGSSITUATION**
>
> Nachdem Nora Herrn Giglione die direkte Bedarfsermittlung erläutert hat, soll sie diesem nun auch die Form der indirekten Bedarfsermittlung erklären.

AUFGABE 1

Wie gehen Sie bei der indirekten Bedarfsermittlung vor?

___
___
___
___

AUFGABE 2

Welche Fragen sollten bei der Bedarfsermittlung möglichst vermieden werden? Begründen Sie Ihre Meinung und nennen Sie typische Beispiele.

___
___
___
___
___
___
___
___
___

7 Kaufmotive ermitteln und passende Produkte vorführen

7.1 Kaufmotive und Nutzenerwartungen

> **EINSTIEGSSITUATION**
>
> Familie Neuhaus interessiert sich für einen leistungsstarken Neuwagen mit ansprechender Innenausstattung und großem Kofferraumvolumen.
> Die Verkaufsberaterin Annika Fink kann die Familie für den Big Bag Plus-SUV begeistern. Die Familie stellt den Kauf in Aussicht.

AUFGABE 1

Welche Vorteile ergeben sich, wenn Kaufmotive richtig erkannt werden?

___
___
___
___

Lernfeld 4

AUFGABE 2

Welche Kaufmotive sind überwiegend gefühlsbetont, welche verstandesbetont? Ergänzen Sie die Tabelle.

gefühlsbetonte Kaufmotive	verstandesbetonte Kaufmotive

AUFGABE 3

Zeigen Sie anhand von Beispielen, wie Sie bei folgenden Kaufmotiven des Kunden reagieren können.

Kaufmotive	Wir können anbieten …	Vorteilsformulierungen
Sparsamkeit, geringe Kosten, Wirtschaftlichkeit		
Sicherheit und Zuverlässigkeit		
Schönes Aussehen und Geltung		
Bequemlichkeit und Komfort		

7.2 Produkte vorführen

> **EINSTIEGSSITUATION**
>
> Die Kundin, Frau Dillerle, interessiert sich für das neue Assistenz-System. Sie bittet die Auszubildende, Nora Braun, ihr die Funktionsweise zu erläutern und zu zeigen. Sie unterstützen Nora.

AUFGABE

Warum ist es wichtig, dass dem Kunden Produkte vorgeführt werden?

_____
_____
_____
_____
_____
_____

8 Mit Argumenten von Produkt und Preis überzeugen

8.1 Produkt- und kundenbezogene Verkaufsargumente

> **EINSTIEGSSITUATION**
>
> Eine Kundin kommt ins Autohaus Köppel. Sie sucht für ihren zweijährigen Sohn einen Kindersitz, der sich leicht ein- und ausbauen lässt und sicher ist.
> Yvonne Ehli berät die Kundin: „Dieser Kindersitz ist platzsparend und transportfreundlich. Die abnehmbaren Bezüge sind aus reiner Baumwolle und können in der Waschmaschine bei 40 Grad gewaschen werden. Er hat eine bequeme Sitzfläche und eine körpergerecht geformte Kopfstütze sowie eine altersgerecht verstellbare Gurtführung. Der Aluminium-Rohrrahmen absorbiert bei einem Unfall die Aufprallenergie und verringert so das Verletzungsrisiko ihres Kindes."

AUFGABE 1

Voraussetzungen für eine wirkungsvolle Argumentation →

_____
_____
_____
_____

Lernfeld 4

AUFGABE 2

Leiten Sie Verkaufsargumente aus den folgenden Bereichen in der Tabelle ab.

Bereich	Beispiel für ein Verkaufsargument
Produkt	
Preis	
Verwendung	
Service	

AUFGABE 3

Beschreiben Sie kurz die im Folgenden genannten Argumente und formulieren Sie dazu jeweils ein Beispiel in wörtlicher Rede.

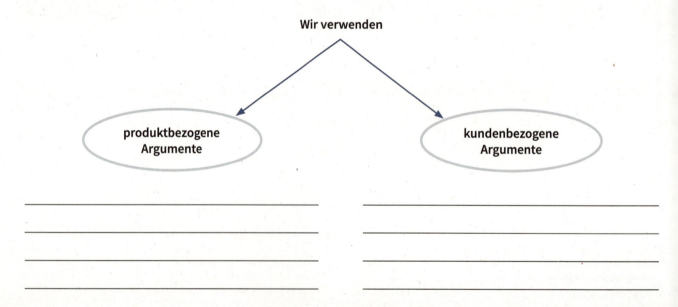

_____   _____
_____   _____
_____   _____
_____   _____

Mit Argumenten von Produkt und Preis überzeugen

AUFGABE 4

Wozu dienen die folgenden Argumente?

produktbezogene Argumente ⬇

kundenbezogene Argumente ⬇

_____   _____
_____   _____
_____   _____
_____   _____
_____   _____

8.2 Motiv- und umweltbezogene Verkaufsargumente

EINSTIEGSSITUATION

Frau Fink erklärt der Auszubildenden Nora Braun, dass neben den produkt- und kundenbezogenen Verkaufsargumenten auch motiv- und umweltbezogene Verkaufsargumente maßgeblich sind. Nora soll sich mit diesem Themenbereich auseinander setzten. Sie unterstützen die Auszubildende.

AUFGABE 1

Beschreiben Sie stichpunktartig umweltbezogene Argumente und formulieren Sie ein Beispiel in wörtlicher Rede.

_____
_____
_____
_____

AUFGABE 2

Wozu dienen umweltbezogene Verkaufsargumente?

_____
_____
_____
_____

Lernfeld 4

8.3 Argumentationstechnik

EINSTIEGSSITUATION

Unsere Geschäftskundin, Andrea Ehni, zeigt Interesse an der Maximo-Limousine. Frank Bertraut überlegt, wie er die Kundin am besten von den Vorteilen des Fahrzeugs überzeugen kann. Unterbreiten Sie einen entsprechenden Vorschlag.

AUFGABE

Eine erfolgreiche Verkaufsargumentation beruht auf drei Säulen. Geben Sie zu jeder Säule ein Beispiel an.

Wir **argumentieren**
- produktbezogen,
- kundenbezogen,
- umweltbezogen.

Wir **führen** das Produkt anschaulich **vor**.

Wir **aktivieren** den Kunden so, dass er sich selbst überzeugt.

Beispiel:

_____
_____
_____
_____
_____
_____
_____

Beispiel:

_____
_____
_____
_____
_____
_____
_____

Beispiel:

_____
_____
_____
_____
_____
_____
_____

8.4 Preisgespräche überzeugend führen

EINSTIEGSSITUATION

Nora Braun muss für die Berufsschule verschiedene Aufgaben bearbeiten. Sie unterstützen die Auszubildende.

Kundeneinwände und Verkaufsabschluss

■ AUFGABE 1

Wodurch wird der Preis beeinflusst?

_____
_____
_____

■ AUFGABE 2

Welche Techniken können bei der Preisargumentation angewendet werden? Formulieren Sie ein Beispiel zur Zerlegungsmethode.

_____
_____
_____

9 Kundeneinwände und Verkaufsabschluss

9.1 Gründe für Kundeneinwände

> **EINSTIEGSSITUATION**
>
> In der monatlichen Azubirunde unterhalten sich die Teilnehmer über den Themenbereich „Gründe für Kundeneinwände". Ihre Ergebnisse halten die Auszubildenden stichpunktartig fest.

■ AUFGABE 1

Nennen Sie häufige Gründe für Kundeneinwände.

_____
_____
_____

■ AUFGABE 2

Wie gehen Sie mit den Kundeneinwänden um?

_____
_____
_____

Lernfeld 4

9.2 Methoden der Einwandbehandlung

EINSTIEGSSITUATION

Nach einem ausführlichen Beratungsgespräch mit überzeugenden Argumenten und einer Probefahrt mit dem Best Circle electric car äußert eine umweltbewusste Kundin plötzlich Bedenken über den hohen Preis des Fahrzeugs. Der Verkaufsberater Max Tursch antwortet: „Ich stimme Ihnen zu, das ist ein stolzer Preis. Bitte berücksichtigen Sie aber, dass Ihnen der Staat eine Kaufprämie von 4 000,00 € gewährt und sie außerdem zwei Jahre lang keine Kfz-Steuer bezahlen müssen."

AUFGABE 1

Beschreiben Sie folgende Methoden der Einwandbehandlung und geben Sie dazu jeweils ein Beispiel an.

	Erläuterung	Beispiel
Ja-Aber-Methode		
Bumerang-Methode		
Fragemethode		
Vergleichsmethode		

Kundeneinwände und Verkaufsabschluss

AUFGABE 2

Zeigen Sie in drei Schritten, wie die Kaufstimmung bei Kundeneinwänden verbessert werden kann.

1 →

2 →

3 →

AUFGABE 3

Begründen Sie kurz, warum wir folgende „Einwände" nur schwierig entkräften können.

Ausreden:

Vorurteile:

Lernfeld 4

9.3 Der Verkaufsabschluss

> **EINSTIEGSSITUATION**
>
> Nach einem ausführlichen Verkaufsgespräch und anschließender Probefahrt mit dem Spiders-Cabrio zögert der Kunde noch mit seiner Entscheidung. Woran kann man die Kaufbereitschaft eines Kunden erkennen und welche Möglichkeiten kennen Sie, um den Kaufabschluss herbeizuführen?

AUFGABE 1

Die Kaufbereitschaft eines Kunden erkennt man an sprachlichen und körpersprachlichen Mitteilungen. Beschreiben Sie typische Signale.

sprachliche Signale	körpersprachliche Signale
Beispiele:	**Beispiele:**

AUFGABE 2

Erläutern Sie die folgenden Abschlusstechniken.

Technik	Erläuterung
Kontrollfragen stellen	
Alternativfragen stellen	

Technik	Erläuterung
Vorteile zusammenfassen	
Empfehlungen aussprechen	

10 Besondere Verkaufssituationen bewältigen

LERNSITUATION 5

Nora Braun und Pascal Palm haben Frau Köppel ihre Handouts sowie die ausgewählten Bilder für den Einstieg in die Workshops vorgelegt. Frau Köppel ist von den Ergebnissen begeistert. Sie beauftragt die Auszubildenden, einen Fachvortrag zum Thema „Besondere Verkaufssituationen bewältigen" zu erstellen. Der Fachvortrag soll als Abschluss des Workshop-Tages von Frau Braun und Herrn Palm gehalten werden.

ARBEITSAUFTRÄGE

1. Bilden Sie Teams (zwei Schüler je Team).
2. Teilen Sie die Themen „Verkauf von Zubehör und Alternativangebote unterbreiten", „Kunden mit Begleitpersonen", „Reklamation und Umtausch, Kaufvertragsstörungen sowie Kommunikation mit Kunden bei Kaufvertragsstörungen" untereinander auf.
3. Informieren Sie sich über Ihren Themenbereich.
4. Notieren Sie sich wichtige Informationen stichpunktartig.
5. Erstellen Sie nun den Fachvortrag und gliedern Sie diesen sinnvoll. Achten Sie darauf, dass der Vortrag alle wichtigen Informationen enthält – jedoch nicht zu lang wird.
6. Nutzen Sie verschiedene Medien zur Visualisierung (PowerPoint-Präsentation, Flipchart, Beamer usw., über die Sie beispielsweise Bilder/Beispiele o. Ä. als Veranschaulichung zeigen können).
7. Bereiten Sie sich auf die Präsentation vor.
8. Präsentieren Sie Ihre Ergebnisse (halten Sie Ihren Vortrag).
9. Prüfen Sie die Vorträge auf Vollständigkeit, Richtigkeit und Verständlichkeit und geben Sie Ihren Mitschülerinnen und Mitschülern ein Feedback.
10. Nehmen Sie ggf. Änderungen/Ergänzungen vor.
11. Ziehen Sie aus dem Feedback Erkenntnisse für Ihr zukünftiges Handeln und nutzen Sie Ihr neu gewonnenes Wissen für die Zukunft.

Wissen testen

AUFGABE

Informieren Sie sich über die Abläufe bei Zahlungsverzug in Ihrem Unternehmen und diskutieren Sie die Ergebnisse im Plenum. Erläutern Sie, warum Ihr Autohaus sich für dieses Vorgehen entscheidet.

Lernfeld 4

10.1 Verkauf von Zubehör

> **EINSTIEGSSITUATION**
>
> Die Auszubildenden der Autohaus Köppel GmbH nehmen an einer Verkaufsschulung mit dem Themenschwerpunkt „Zubehör – eine wichtige Einnahmequelle für Ihr Autohaus" teil. Damit die Azubis ihr neu erworbenes Wissen testen können, müssen die nachfolgenden Fragen bearbeitet werden.

AUFGABE 1

Welche Produkte gelten als Fahrzeug-Zubehör? Nennen Sie einige Beispiele.

_____
_____
_____
_____

Beispiele:

_____
_____
_____
_____
_____
_____
_____
_____
_____
_____

Beispiele:

_____
_____
_____
_____
_____
_____
_____
_____
_____
_____

AUFGABE 2

Warum ist das Anbieten von Zubehör so wichtig?

_____
_____
_____
_____

Besondere Verkaufssituationen bewältigen

10.2 Alternativangebote richtig unterbreiten

> **EINSTIEGSSITUATION**
>
> Während der Verkaufsschulung wurde ebenfalls erläutert, wie man Alternativangebote richtig unterbreitet. Die Auszubildenden erklären sich gegenseitig die Vorgehensweise.

AUFGABE 1

Warum ist es wichtig, dem Kunden eine Alternative anbieten zu können?

_____
_____
_____

AUFGABE 2

Was bedeuten Alternativangebote für den Kunden, den Verkaufsberater bzw. das Autohaus?

Kunden	Verkaufsberater	Autohaus

10.3 Kunden mit Begleitpersonen

> **EINSTIEGSSITUATION**
>
> Frau Dillerle betritt mit Ihrem Sohn die Autohaus Köppel GmbH. Frau Fink stellt dies weniger erfreut fest. Der Sohn von Frau Dillerle hat beim Thema Automobil etwas andere Vorstellungen als diese selbst. Die Beratungsgespräche gestalten sich daher meist schwierig.

Lernfeld 4

AUFGABE 1

Unterscheiden Sie die verschiedenen Typen von Begleitpersonen und beschreiben Sie diese jeweils.

Die aktive Begleitperson

Die passive Begleitperson

Die fachekundige Begleitperson

Besondere Verkaufssituationen bewältigen

AUFGABE 2

Wie gehen Sie als Verkaufsberater mit Begleitpersonen um? Begründen Sie Ihre Antwort.

_____
_____
_____
_____
_____

10.4 Reklamation und Umtausch

> **EINSTIEGSSITUATION**
>
> Ein sichtlich aufgebrachter Kunde wendet sich am Service-Point an Simone Schmitz.
> Kunde: „Erst gestern war ich beim Kundendienst und heute wackelt schon wieder der Auspuff!"
> Frau Schmitz: „Gut, dass Sie gleich gekommen sind. Ich hole Ihnen unseren Meister, Herrn Michaeli, der wird sich sofort um Ihr Problem kümmern."

AUFGABE 1

Nennen Sie drei Gründe, warum Kunden reklamieren.

(Reklamationsgründe)

( ) ( ) ( )

AUFGABE 2

Beschreiben Sie grundlegende Verhaltensweisen gegenüber dem Kunden bei Reklamationen.

_____
_____
_____
_____
_____
_____

Lernfeld 4

AUFGABE 3

Welche Hilfen können Sie dem Kunden anbieten? Erläutern Sie die Begriffe.

Nacherfüllung

Nachbesserung	Neulieferung

Schadenersatz neben der Leistung
sofern ein Verschulden des Verkäufers vorliegt

Rücktritt vom Vertrag	Minderung	Schadenersatz statt Leistung	Ersatz vergeblicher Aufwendungen

Besondere Verkaufssituationen bewältigen

AUFGABE 4

Nennen Sie drei mögliche Umtauschgründe.

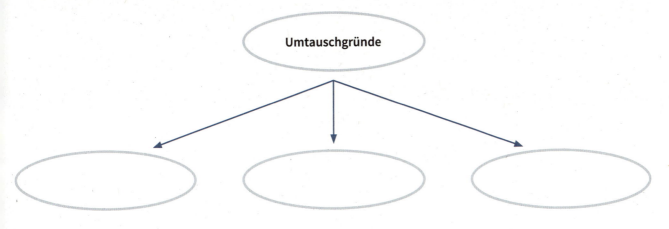

AUFGABE 5

Wie gehen Sie vor, wenn ein Kunde Zubehörartikel umtauschen möchte?

_____
_____
_____
_____
_____
_____
_____
_____

10.5 Kaufvertragsstörungen

EINSTIEGSSITUATION

In der Berufsschule haben Finn Schneider und Nora Braun das Thema Kaufvertragsstörungen bereits durchgenommen. Nun haben sie als Wiederholung verschiedene Aufgaben zum bearbeiten erhalten. Sie helfen den Beiden.

AUFGABE 1

Nennen Sie mögliche Ursachen, die zu Kaufvertragsstörungen führen.

_____
_____
_____
_____

Lernfeld 4

AUFGABE 2

Wie geht Ihr Ausbildungsbetrieb mit Kaufvertragsstörungen um? Informieren Sie sich bei Ihrem Ausbilder, Ihren Kollegen über das Vorgehen und halten Sie die Ergebnisse schriftlich fest. Stellen Sie diese im Plenum vor und diskutieren Sie.

10.6 Kommunikation mit Vertragspartnern bei Kaufvertragsstörungen

> **EINSTIEGSSITUATION**
>
> Ein Neukunde hat die am 10.02. fällige Rechnung bis heute (27.02.) nicht gezahlt. Nora Braun bittet Finn Schneider um Hilfe.

AUFGABE 1

Beschreiben Sie die Möglichkeiten, die die Autohaus Köppel GmbH hat.

AUFGABE 2

Beschreiben Sie das gerichtliche Mahnverfahren.

11 Der Warenverkauf

> **LERNSITUATION 6**
>
> Nora Braun befindet sich zurzeit im Warenverkauf der Autohaus Köppel GmbH. Sie bekommt von ihrem Vorgesetzten, Herrn Köppel, den Auftrag, die Abläufe im Warenverkauf schematisch darzustellen.
>
> **ARBEITSAUFTRÄGE**
>
> 1. Informieren Sie sich über Ihren Themenbereich mithilfe des Schülerbuches und des Internets.
> 2. Notieren Sie wichtige Informationen stichpunktartig und tauschen Sie sich mit Ihren Mitschülern aus.
> 3. Überlegen Sie, wie Sie Ihre Informationen schematisch darstellen und fertigen Sie die entsprechende Darstellung an.
> 4. Bereiten Sie sich auf die Präsentation vor.
> 5. Präsentieren Sie Ihre Ergebnisse im Plenum.
> 6. Geben Sie sich gegenseitig ein Feedback und nutzen Sie Ihr neu gewonnenes Wissen für die Zukunft.

11.1 Buchung des Warenverkaufs

> **EINSTIEGSSITUATION**
>
> Die Auszubildende Nora Braun ist in der Buchhaltung eingesetzt und für den Warenverkauf zuständig. Verschiedene Arbeiten sind zu erledigen.

AUFGABE 1

Im Rahmen der Marketingaktion „Fit in den Winter" verkauft der Teiledienstleiter Tim Gehlen dem Kunden Herrn Grau einen 5-Liter-Kanister Frostschutzmittel für die Scheibenwaschanlage auf Rechnung. Die Kopie der Rechnung erhält Nora Braun in der Buchhaltung. Buchen Sie diese und tragen Sie die entsprechenden Angaben in die unten stehende Tabelle ein. Der in der EDV hinterlegte Einkaufspreis des Kanister beträgt 19,12 €.

Lernfeld 4

Autohaus Köppel GmbH
Diedenhofener Str. 6
54294 Trier

Autohaus Köppel GmbH, Diedenhofener Str. 6, 54294 Trier

Herrn
Alexander Grau
Tulpenweg 22
54317 Osburg

Telefon: 0331 903232
Telefax: 0331 903230
E-Mail: info@autohaus-koeppel.de
Bank: Sparkasse Trier
IBAN: DE01585501303011222215
BIC: TRISDE55XXX

KOPIE

Rechnung

Ihr Auftrag vom 06.10.20..

Kunden-Nr.	Rechnungs-Nr.	Rechnungstag
8122	10271	06.10.20..
Bei Zahlung bitte angeben		

Pos.	Artikel-Nr.	Artikelbezeichnung	Menge	Einzelpreis €	Gesamtpreis €
1	FR0078	5 l Kanister Frostschutz bis – 30 Grad	1	27,31	27,31

Warenwert netto	Verpackung	Fracht	Entgelt	USt-%	USt-€	Gesamtbetrag
27,31 €	–	–	27,31 €	19	5,19	32,50 €

USt-IdNr.: DE193656622
Steuernummer: 76144/21966

Buchung

Sollbuchung	€-Betrag	an	Habenbuchung	€-Betrag

11.2 Abschluss der Wareneinkaufs- und Warenverkaufskonten

EINSTIEGSSITUATION

Frau Nora Klöppel erklärt am Beispiel des Reifengeschäfts der Auszubildenden Nora Braun den Abschluss der Wareneinkaufs- und Warenverkaufskonten. Verschiedene Geschäftsvorfälle sind zu buchen.

Der Warenverkauf

AUFGABE

a) Bilden Sie für die nachfolgenden Geschäftsvorfälle die Buchungssätze und tragen Sie die entsprechenden Werte in die Tabelle ein.

Geschäftsvorfall	Sollbuchung und Betrag in €	an	Habenbuchung und Betrag in €
1. Einkauf von sechs Satz Winterkompletträder vom Lieferanten Zahn & Rad GmbH für 438,00 € netto auf Ziel pro Satz	3500 Best. w. Ber. (Reifen) 2.628,00 1570 Vorsteuer 499,32	an	1600 Verb. a. LL 3.127,32
2. Verkauf dieser sechs Satz Winterkompletträder an den Pizzaservice „Best Choice" auf Rechnung für 613,20 € netto pro Satz	1400 Ford. (Best Choice) 4.378,25	an	8500 Erl. w. Ber. (Reifen) 3.679,20 1770 USt. 699,05
Lagerentnahmebuchung	7500 VAK w. Ber. (Reifen) 2.628,00	an	3500 Best. w. Ber. (Reifen) 2.628,00

b) Buchen Sie die Geschäftsvorfälle auf den folgenden Konten und schließen Sie die Erfolgskonten ab. Wie hoch ist der Bruttoertrag?

Bruttoertrag = 3.679,20 € − 2.628,00 € = 1.051,20 €

12 Währungsrechnen und Privatbuchungen

LERNSITUATION 7

Frau Köppel gibt der Auszubildenden Nora Braun folgende Aufgabe:

> Bitte erstellen Sie für die Mitauszubildenden der Autohaus Köppel GmbH verschiedene Informationsblätter und Übungsaufgaben zu den Themen „Währungsrechnen und Privatbuchungen".

ARBEITSAUFTRÄGE

1. Informieren Sie sich über Ihren Themenbereich mithilfe des Schülerbuches.
2. Erstellen Sie die von Frau Köppel gewünschten Aufgaben sowie ein übersichtliches Infoblatt zu Ihrem Themenbereich.
3. Tauschen Sie die Aufgaben mit Ihren Mitschülern aus und lösen Sie diese gegenseitig.
4. Geben Sie sich ein Feedback und nehmen Sie ggf. Änderungen/Ergänzungen vor.
5. Nutzen Sie Ihr neu gewonnenes Wissen für die Zukunft.

12.1 Währungsrechnen beim Warenverkauf

EINSTIEGSSITUATION

Verschiedene Rechnungen sind im Autohaus Köppel eingegangen. Der Auszubildende Carl Löffler soll diese bearbeiten.

AUFGABE 1

Es liegt eine Eingangsrechnung über Ersatzteile vom Hersteller Cars Best über 438,00 US-Dollar vor. Informieren Sie sich über den aktuellen Kurs und berechnen Sie den Euro-Betrag.

Währungsrechnen und Privatbuchungen

AUFGABE 2

Ein Angebot über Kompletträder soll für die Kundin Mariam Bussedi aus der Schweiz erstellt werden. Die Kundin wünscht die Angaben über den Preis in Schweizer Franken. Die Kompletträder kosten 799,00 €. Informieren Sie sich über den aktuellen Kurs und berechnen Sie den entsprechenden Betrag.

12.2 Eigenverbrauch, Privatentnahmen, Privateinlagen

> **EINSTIEGSSITUATION**
>
> Für die Berufsschule muss Nora Braun verschiedene Hausaufgaben erledigen.

AUFGABE 1

Ein Einzelunternehmer erbt 5 500,00 € und legt diese in die Kasse. Buchen Sie diesen Geschäftsvorfall.

AUFGABE 2

Ein Einzelunternehmer nimmt 250,00 € aus der Kasse und zahlt davon seine private Zahnarztrechnung. Buchen Sie den Geschäftsvorfall.

Lernfeld 4

13 Buchungen beim Zahlungsverkehr

LERNSITUATION 8

Die Auszubildende der Autohaus Köppel GmbH erhalten heute folgende E-Mail:

Von: Herrn Köppel
An: Azubis der Autohaus Köppel GmbH
Betreff: Buchungen beim Zahlungsverkehr

Liebe Azubis der Autohaus Köppel GmbH,

für Ihre anstehende Prüfung bitte ich Sie, sich mit dem Themenbereich „Buchungen beim Zahlungsverkehr" auseinanderzusetzen und alle wichtigen Informationen in einer Mindmap festzuhalten.

Bei Rückfragen können Sie sich jederzeit an mich wenden.

Freundlich grüßt Sie

Ben Köppel

ARBEITSAUFTRÄGE

1. Informieren Sie sich über Ihren Themenbereich mithilfe des Schülerbuches.
2. Erstellen Sie die von Herrn Köppel gewünschte Mindmap.
3. Präsentieren Sie Ihre Ergebnisse.
4. Geben Sie sich ein Feedback und nehmen Sie ggf. Änderungen/Ergänzungen vor.
5. Nutzen Sie Ihr neu gewonnenes Wissen für die Zukunft.

13.1 Zahlungsverkehr mit Lieferanten und Kunden

EINSTIEGSSITUATION

Nora Braun muss verschiedene Arbeiten in der Buchhaltung erledigen.

■ AUFGABE 1

Warum wird der Zahlungsverkehr über die Nebenbücher „Debitoren" und „Kreditoren" abgewickelt?

_____
_____
_____
_____

AUFGABE 2
Welche Auswirkungen haben verspätete Kundenzahlungen für ein Unternehmen?

_____
_____
_____
_____
_____
_____

13.2 Zahlungsformen

> **EINSTIEGSSITUATION**
>
> In der Berufsschule haben die Auszubildenden der Autohaus Köppel GmbH bereits den Themenbereich „Zahlungsformen" durchgenommen. Frau Köppel möchte nun den Wissensstand der Auszubildenden überprüfen.

AUFGABE

Auf welche Arten kann eine bargeldlose Zahlung durchgeführt werden? Nennen Sie Beispiele, wann die jeweilige Zahlungsform sinnvoll ist.

Zahlungsform	Beispiele

Lernfeld 4

13.3 Buchung von Zahlungseingängen und Zahlungsausgängen

> **EINSTIEGSSITUATION**
>
> Bei der Autohaus Köppel GmbH gehen jeden Tag viele Zahlungen ein. Auch Rechnungen werden täglich von den entsprechenden Mitarbeitern der Buchhaltung überwiesen. Diese Vorgänge sind jeweils buchhalterisch zu erfassen.

■ AUFGABE

Die Auszubildende Nora Braun bekommt den folgenden Kontoauszug zum vorkontieren. Um die Zahlungen den richtigen Kunden und Lieferanten zuordnen zu können, benötigt Nora die Kontonummern der Debitoren und Kreditoren und sieht im nachfolgenden Verzeichnis nach. Erledigen Sie diese Aufgabe und nutzen Sie dazu die Tabellen.

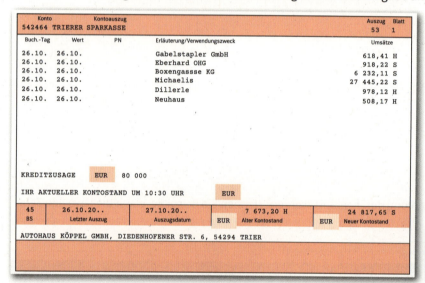

Kreditorenverzeichnis	
Kreditor	Kontonummer
Boxengasse	K1620
Eberhard OHG	K1621
Elektro Köhler	K1622
Glasoform OHG	K1623
Gumeros AG	K1624
Michaelis	K1625
Rieth KG	K1626
Zahn & Rad GmbH	K1627

Debitorenverzeichnis	
Debitor	Kontonummer
Dilllerle	D1440
Ehni GmbH	D1441
Gabelstapler GmbH	D1442
Grau	D1443
Kolz, Dr.	D1444
Kolz, Jörn	D1445
Löser	D1446
Lofti	D1447
Neuhaus	D1448
Oleniza	D1449
Smith	D1450

Vorkontierung Zahlungseingänge Kontoauszug 53:

Konto	Soll	Haben

Buchungen beim Zahlungsverkehr

Konto	Soll	Haben
gebucht am:		
von:		

Vorkontierung Zahlungsausgänge Kontoauszug 53:

Konto	Soll	Haben
gebucht am:		
von:		

13.4 Zahlung mit Skontoabzug

EINSTIEGSSITUATION

Beim Buchen der Rechnungen ist es wichtig, dass der Skontoabzug berücksichtigt wird. Matti Köppel erläutert den Auszubildenden diesen Themenbereich und gibt ihnen verschiedene Aufgaben, um ihr neu gewonnenes Wissen anzuwenden und zu vertiefen.

Lernfeld 4

AUFGABE 1

Was ist beim gewährten Skonto (Kundenskonto) bzw. erhaltenen Skonto (Lieferantenskonto) zu berücksichtigen?

_____
_____
_____
_____
_____

AUFGABE 2

Es liegt eine Eingangsrechnung über Winterkompletträder von der Zahn & Rad GmbH in Höhe von 3 550,00 € netto vor. Es werden 3 % Skonto bei Zahlung innerhalb von 10 Tagen gewährt. Bilden Sie den Buchungssatz für die Eingangsrechnung.

_____
_____
_____
_____
_____

AUFGABE 3

Sie überweisen die Rechnung aus Aufgabe 2 fristgerecht mit Skontoabzug. Bilden Sie die notwendigen Buchungssätze.

_____
_____
_____
_____
_____
_____

AUFGABE 4

Es liegt eine Ausgangsrechnung Teile über 559,00 € netto vor. Dem Kunden wird Skonto in Höhe von 2 % gewährt. Bilden Sie den Buchungssatz des Verkaufs und berechnen Sie die Höhe des möglichen Skontoabzugs.

_____
_____

13.5 Kontoführungsgebühren und Nebenkosten des Geldverkehrs

EINSTIEGSSITUATION

Nora Braun fragt ihren Mitauszubildenden Carl Löffler: „Du, sag mal, warum fallen eigentlich Gebühren für unsere Firmenkonten an? Und wie müssen wir das denn buchen?" Carl lacht und antwortet: „Ja, auch die Banken möchten eben Geld verdienen. Dafür gibt es doch spezielle Konten. Ich erkläre dir das Vorgehen am besten an einigen Beispielen."

AUFGABE 1

Für das erste Quartal fallen Kontoführungsgebühren in Höhe von 22,00 € an, die vom Bankkonto der Autohaus Köppel GmbH abgebucht werden. Buchen Sie diesen Geschäftsvorfall.

AUFGABE 2

Für das erneute Drucken eines Kontoauszugs für den Monat April berechnet die Bank der Autohaus Köppel GmbH 4,50 € und bucht diesen Betrag vom Bankkonto des Autohauses ab. Buchen Sie diesen Geschäftsvorfall.

13.6 Rücksendungen und Gutschriften

EINSTIEGSSITUATION

Verschiedene Rücksendungen gehen bei der Autohaus Köppel GmbH ein und entsprechende Gutschriften werden ausgestellt. Auch defekte Sitzbezüge, die die Autohaus Köppel GmbH an den Hersteller zurückgesendet hat, werden nun vom Hersteller gutgeschrieben.
Die Auszubildende Nora Braun muss die Geschäftsvorfälle buchen.

Lernfeld 4

■ AUFGABE 1

Die Autohaus Köppel GmbH sendet die defekten Sitzbezüge an den Hersteller zurück. Der Rechnungsbetrag für die Sitzbezüge belief sich auf 1025,00 € netto. Buchen Sie diesen Geschäftsvorfall.

_____

_____

_____

■ AUFGABE 2

Der Kunde Herr Kolz sendet dem Autohaus einen defekten Sitzbezug zurück. Der Kunde wünscht eine Gutschrift auf sein Debitorenkonto. Die Ausgangsrechnung an den Kunden Kolz belief sich auf 75,00 € netto. Buchen Sie den Geschäftsvorfall.

_____

_____

_____

_____

_____

■ AUFGABE 3

Was zählt alles zu den Preisnachlässen?

_____

_____

_____

_____

_____

_____

■ AUFGABE 4

Was ist beim Sofortrabatt zu berücksichtigen und wie wird dieser buchhalterisch erfasst?

_____

_____

_____

_____

_____

Bildquellenverzeichnis

BC GmbH Verlags- und Medien-, Forschungs- und Beratungsgesellschaft, Ingelheim: 30.2, 30.3, 30.4, 30.5, 30.6, 30.7, 30.8, 30.9, 30.11, 30.12, 30.13, 30.14, 30.15, 98.1, 98.3, 98.4, 98.5, 98.6, 98.7, 98.8, 98.9. |fotolia.com, New York: gzorgz Titel; pressmaster Titel; rosifan19 30.10; Stasique Titel; vektorisiert 30.1; WavebreakmediaMicro Titel. |Hild, Claudia, Angelburg: 33.1. |Microsoft Deutschland GmbH, München: 22.1, 22.2, 22.3, 22.4, 23.1, 23.2, 24.1, 24.2, 24.3. |Shutterstock.com, New York: Rizhniak, Nestor Titel. |stock.adobe.com, Dublin: MigrenArt 98.2.

Umschlagfotos: fotolia.com, New York: gzorgz, pressmaster, Stasique, WavebreakmediaMicro |Shutterstock.com, New York: Rizhniak, Nestor

Wir arbeiten sehr sorgfältig daran, für alle verwendeten Abbildungen die Rechteinhaberinnen und Rechteinhaber zu ermitteln. Sollte uns dies im Einzelfall nicht vollständig gelungen sein, werden berechtigte Ansprüche selbstverständlich im Rahmen der üblichen Vereinbarungen abgegolten.